JN132104

経営社会学
その視座と現代

野瀬 正治 著

大学教育出版

まえがき

　人は集団を形成し協働する。それは近代社会の始まりというより人類の歴史とともに始まった普遍的な営みである。この点において、経営社会学のテーマ（協働のあり方）は、古くから存在していたことになる。しかし、経営社会学におけるそのテーマが最初に学問として登場する切っ掛けは、近代社会の進展と工場制機械工業の発達であった。すなわち、技術革新による生産性の飛躍的向上と組織活動の社会への影響拡大の中で、人の協働と統合のあり方（集団と成員の関係と協働のあり方）が質的量的に大きく変化したからであった。

　ヴェーバー，M. は、近代社会を合理化過程で捉えるとともに、伝統主義等に基づく商業目的の組織活動と近代化につながる組織・集団活動の経営とを峻別していた。商業資本主義を支える伝統主義等に基づく営利主義の視点とベルーフ（天職）等新たなエートスに支えられた人間的側面の視点を峻別し、後者の視点から狭義の経営を論じている（図5-1　経営（協働）とその実践（概念図）参照）。

　近代社会の発展を前に、ヴェーバー，M. らは、「封鎖的大産業経営の労働者の選抜と適合 —— 職業選択と職業運命、についての社会政策学会の調査のための方法序説（1908）」等から分かるように、当時の新たな経営社会現象についての研究に、いち早く取り組んだ。

　また、ダーレンドルフ，R. は、経営の実践は経営の社会構造を通して展開されるとするとともに組織集団活動には宿命的に対立が存在するとしている。そして、経営組織は支配従属関係を根底に持つ支配団体と考えるとともに組織集団をひとつの社会システムであると考えて論じている。

　バーナード，C. I. やアーウィック，L. F. そしてフォレット，M. P. 等もそれぞれの視点から、組織集団活動における調整・統合あり方等について論じている。

　日本においては、組織集団活動が持つこの普遍的な命題に対し、津田眞澄や

間宏などが日本の特徴ある社会関係から論じている。

　近代社会の始まりとともに発生した新たな社会現象、経営現象への研究の取り組みは、産業資本と工場制機械工業の進展そして産業民主化の浸透とともにヨーロッパやアメリカそして日本においてそれぞれの特徴をもって研究されるようになったのである。

　本書では、第Ⅰ部で、経営社会学の視座について、人間の協働・調整・統合、すなわち、三位一体といえる「経営（協働）・社会（社会関係）・制度（組織内外の規範）」の内容と変化を論じる。近代以降の社会における組織・集団活動および複雑化していく社会において、経営社会学に連なる、日本や欧米の研究成果を踏まえて、経営組織とその成員（社員・労働者）の協働・統合のあり方や社会関係を検討する。経営の社会構造や社会関係、機能集団が宿命的に持つ対立や、経営社会学における組織集団（協働体）の捉え方等を含む経営社会学の視座について論じる。

　そして、第Ⅱ部では、経営社会学の視座を踏まえて、特に、経営社会学のテーマである経営社会政策的視点および社会関係的視点から、三位一体である現代の「経営／社会／制度」に関わる5つの重要なテーマ（1. 雇用形態、2. 雇用システム、3. 時間管理、4. 苦情処理、5. 外国人労働者）を具体的に論じる。

　最後になりましたが、本書の刊行までに多くの方々にご助言を頂くととともに、刊行では佐藤守代表取締役にお世話になりました。記して心から謝意を表したい。

野瀬正治

経営社会学 その視座と現代

目　次

第Ⅱ部　現代と経営社会学

第Ⅰ部

経営社会学の視座

　属性が同じ成員の複数の組織・集団間で相互の業績・成果を比較した時、他の似通った組織・集団と必ずしも同様な業績・成果になるとは限らない。

　このことを私たちは経験的にも知っている。また、特定の集団において、環境と集団の属性に変化がなくとも、時間の経過とともにその集団の業績・成果そして特徴が大きく変化することがあることも経験的に知っている。スペックが同じ機械であるならそのアウトプットはほぼ同じであるが、人間集団である組織・集団はそうではない。なぜなら組織・集団は、集団を構成する成員の相互作用により組織活動（協働）をするからである。そこに経営社会学の研究の出発点の1つがある。第Ⅰ部では、今日につながる経営社会学の視座とその考え方について論じる。

第 1 章

近代社会における経営社会学の萌芽

　近代社会の到来により、中世、近世のそれまでの基礎集団における成員間の関係とは異なった機能集団の成員間の関係が、産業資本に支えられた活動の広がりによって拡大し社会に変容をもたらした。そして、それはそれまでの社会とは質の異なった新たな社会を誕生させた。一方、学問領域においても経営社会学につながる領域である哲学、心理学、政治学、経済学、経営学、および社会学が近代社会の発展とともにしだいにそれぞれに分化・発展するようになり、経営社会学も独自の発展をするようになった。

　その背景には、新たな動力源に支えられた工場制機械工業の普及が、工業化社会を急速に発展させ、機能組織集団における成員間に近代社会特有の社会関係が一般化しはじめるとともに、同時に新たな社会問題が拡大し、経営における人間に視点をおいた問題解決の研究することが求められるようになったことがある。

　具体的に経営社会学という名称が使われるようになったのは、経営社会学を冠した「ベルリン工科大学経営社会学および社会的経営研究所[1]」であった。経営社会学の特徴を同研究所の推進者のブリーフス（Briefs, Goetz）の代表的研究を通して言えば、当時、社会問題となっていた工場現場の従業員における人間疎外問題を経済学的視点とは違った経営社会学的視点から論じたことが象徴的に挙げられる。

　すなわち、ブリーフスは、工場制機械工業の発達とともにアメリカでも共通の社会問題となっていたこの人間疎外問題の解決には、単にマクロ経済社会政策だけでは不十分であると考え、経営の視点から捉えることの重要性を認識し

て考察を行った。彼は、経営は組織の構成員が社会的に結びつきあう制度的な協働体であるとの認識から人間疎外問題にアプローチした[2]。

　しかし、経営と社会（集団・協働）の関係についての研究はブリーフスを待つまでもなく近代社会の始まりとともに取り組まれていた。ヴェーバー兄弟らが推進した「封鎖的大産業経営の労働者の選抜と適合——職業選択と職業運命」についての研究は、近代社会を特徴づける産業資本主義に基づく工場制機械工業が、当時の社会および人に与える影響や経営におけるその構成員への影響について研究をするものであり、この研究は近代社会の人と経営と社会を考えるうえで重要な示唆を与えている。

　近代社会の特徴の1つとしての近世と質的にも量的にも異なる大規模経営（工場や農場等）の出現を契機に、産業資本主義の発展に伴いその論理に基づく新たな社会の形成が進む中で、働く人や社会への影響の研究の重要性が高まったのである。例えば、ヴェーバー，M.（Weber, Karl Emil Maximilian）は、『東エルベ・ドイツにおける農業労働者の状態』[3] で、東エルベ地方における家父長的農業経営の研究を行った。この研究では、経営のあり方（組織集団の特徴）を家父長的な結びつきから捉え、経営における組織・集団の支配関係のカテゴリー[4] の延長線上に農業経営を分析しており、経営社会学の視座と要素を多分に含んでいる。

　別の視点から言えば、今日においても同様に重要な当時の経営社会学の視座は、技術や経済、市場、社会制度、環境、そして社会関係や文化を基礎にして、経営と人間および人間集団（協働）を分析するものである。単に経済合理性のみからの分析ではなく、規範や関係性、エートスの視点も含む社会的視点からの分析を行うものであった。現代は、18世紀・19世紀と時代状況が大きく変わる中で、経営の諸現象も当時と比べると大きく変化しているが、協働して活動するという変わらぬ人間の本質（人間の普遍的取り組み）が、現代社会においても人間相互の関係性を中心に今日的経営現象・社会現象として表出しているにすぎないのである。

　人間の本質が新たな経営環境の中、組織集団の成員間の相互関係を基礎に集団として社会的に形成され、経営現象・社会現象として今日的特徴を表出して

いるのである。すなわち、過去の経営現象・社会現象も今日同様、職場の人間相互の関係や組織集団との関係により形成され、その時代の環境の中で現象として表出しているのである。同様に、今日の経営・社会現象も、経営社会構造（組織・集団の社会的な構造）のもと、協働（人間の活動の実践）を通して活動している。今も昔も変わらないこの基本的構造において現象は表出されている。

　近代社会は産業資本と工場制機械工業の拡大と民主主義等の浸透により発展していったが、当時の工場の職場における近世とは違った新たな協働関係の状況は、それまでの社会になかった諸現象を生じさせ、そのことが近代社会の始まりにおいて、新たな研究の対象 5) となるのは、ある意味、必然でもあった。

　また、ヴェーバー, M. は、産業資本主義社会ではそれまでの近世の組織活動と異なって、利益追求組織体としての諸特徴が形成されるようになった点と、その一方で、近代社会の経営のあり方を規定する人間集団としての活動の諸特徴も形成された点を指摘していた。機能組織とひと口にいっても近代の組織活動の諸現象は利益追求の側面から捉えるかあるいは心理的態度を示す人間的側面から捉えるかによって異なるのである 6)。このことは、それまでになかった産業資本主義における利益追求の行動原理（利益追求の視点）と、旧来からある、人間的側面（精神あるいはエートス）に基づいた協働関係の行動原理 7)（社会的関係の視点）の２つの行動原理について、これら質的に異なる２つの行動原理により集団の組織活動がなされていることを近代社会の重要な視点として示している。そしてこのことは、近代社会の組織集団活動の諸現象がこれら２つの行動原理が渾然一体となって出現することを意味している。

　このように組織集団の諸現象を利益追求の視点から把握するか、社会的視点から把握するかにより、組織集団の個々の経営現象についての論じ方は異なることを意味し、実際の経営現象はこれら２つの視点から把握できる要素が相互に影響し合って具体的に現象として現れることを意味しているのである。

注

1) Institut für Betriebssoziologie und soziale Betriebslehre der Technischen Hochschule zu Berlin.

2) ブリーフスは経営を「多数の人間が、1つの目的 — 手段のシステムの助けを借りて、現在の欲求充当のために協力するところの制度的社会構成体」とする。面地豊、2005、「経営社会学と労働時間」『労働時間をめぐる歴史と現在』千倉書房、pp.13-14。

3) 肥前栄一、2003、『東エルベ・ドイツにおける農業労働者の状態』未来社

4) 家父長的な管理の他、親権主義的管理、温情主義的管理、共同体的管理、合理主義的管理、専制的管理等がある。

5) 産業資本主義下の人々との関係をブリーフスでいえば、例えば人間疎外、ヴェーバー，M. でいえばエートスにおいて捉えている。

6) 鼓肇雄、1971、『マックス・ヴェーバーと労働問題』日本労働協会、114-116 頁。

7) ヴェーバー，M. は当時の機械制工場の職場での人間の行動原理の特徴を敬虔なプロテスタントの宗教心から説明をした。

第**2**章

経営社会学とヴェーバー

第1節 近代社会の「経営と労働」研究とヴェーバー

1. ドイツ社会政策学会での調査

　近代社会の経営と労働の研究として、ドイツ社会政策学会でのヴェーバー兄弟らの「封鎖的大産業経営の労働者の選抜と適合 —— 職業選択と職業運命」の研究[1] がある。この研究は、大産業の存立条件とそこにおける労働者についての実証的調査研究で、産業資本主義のもとで拡大する工場制機械工業が、労働者や労働のあり方にどのような制約を課すのか、また、労働者や労働のあり方が、産業資本主義と工場制機械工業にどのように適合していくのかについて実証的研究を行うものであった。すなわち、近代の合理化過程における機械制工場の職場で、産業資本主義の論理、資本主義の合理的メカニズム、プロセスが経営と成員にどのように働き、どのような影響（制約）を与えるのか、またその一方で、そうした合理的制約下で労働者がどのように適合していくのかが研究テーマであった。ヴェーバー，M. は、この調査を、「大工業が、その内在する必要に応じて、自分の職業的生涯をその大工業と結びつけている人びとに対して、どのような『淘汰過程』を行うか、他方、（中略）大工業が必ずや自分に与えるであろう生活諸条件に対してどのように『適合』するかが研究されなければならない」[2] としている[3]。

　まさに、今日に通じる「経営と人間」をテーマにした経営社会学の源流の研

究であった。一方、ヴェーバー，M. の時代の当時の研究においては、「機械制工業の大産業」が、社会変化の中で、どのような労働者を形成するか、そして、どのような職業的あるいは職業外的運命を与えるか、であったが、今日では、ダウンサイジングが進む中で AI やバイオの「先端の革新的産業群」が、社会変化の中で、私たちにどのように影響しているかが「経営と人間」研究のアプローチの 1 つであり、底流では今日につながる問題設定でもある。

　当時、この研究を推進したヴェーバー，A.（Weber, Alfred）は、ヘルクナー，H.（Herkner, Heinrich）、シュモラー，G. V.（Schmoller, Gustav von）らとともに、この研究を策定した。近代社会への変革を推進する産業資本主義の論理（制約）のもと、社会関係や経営と成員の関係（労使関係）など協働のあり方の特徴の実証的研究の重要性に目を向け、質問紙調査を行い、労働者の社会的出身階層・出身地、労働における精神的条件や属性的条件、労働能率とその条件、労働者・集団の社会的構造、昇進の機会と昇進の前提および経営的な労働界への適合の様式と過程等の分析に取り組むものであった[4]。

2. 閉鎖的関係および選抜と適合

　調査のタイトルは、「封鎖的大産業経営の労働者の選抜と適合 ―― 職業選択と職業運命」であり、タイトルにある「封鎖的」に関して、ヴェーバー，M. は、『社会学の根本概念』の「第 10 節 開放的関係と閉鎖的関係」において、閉鎖的関係のケースと開放的関係のケースの事例を挙げて説明している。具体例の1 つとして動機における閉鎖的関係の事例にギルドを挙げているが、封鎖的大産業経営の研究の視点からそれを捉えれば、産業資本主義の影響がどのように閉鎖的な関係を形成するかを分析することで、当時のギルドにとって外部と区別するクローズドショップの関係は確かに閉鎖的関係として捉えることができる[5]。留意すべき点は、ヴェーバー，M. の思考に、"閉鎖的関係 ― 開放的関係"の概念が基礎にあり、その考え方が当該調査にも表れている点である[6]。

　また、研究タイトルにある「選抜と適合」は産業資本の論理の具体的メカニズムの 1 つを意味し、このメカニズムは新時代の（当時の）経営労働現象の研

究における象徴的取り組み対象であった。ヴェーバー，M. は、中世でも存在した単なる搾取のメカニズムとしての経営と労働の関係でみるのではなく、近代産業資本主義の機械制工場においてどのように経営が労働者を合理的に選別していくのか、あるいは労働者が淘汰されていくのかについて関心があったのである。

　一方、商業資本主義の個々の具体的経済取引は産業資本主義と同様であっても、メカニズムとしては産業資本主義とは本質的に異なり、投下資本の原価回収計算に基づく経済活動ではない。産業資本主義と商業資本主義では、社会経済メカニズムに組み込まれている個人の位置づけは全く異なる。その違いがどこからくるのかについて、ヴェーバー，M. は、商業資本主義と産業資本主義の違いが経営と労働に対する人の意識、認識の違いから生じるとした。具体的には宗教による意識や認識の違いがそのメカニズムの違いの基礎となっていることを、『プロテスタンティズムの倫理と資本主義の精神』で指摘した。非合理的な商業資本主義から産業資本主義への移行においてそれを牽引したのは当時のプロテスタントの意識と行動であった。

　具体的な指摘の1つは、出来高賃金払い制において、賃率を高めても働く側の意識によって結果は異なり、むしろ、伝統主義的意識が強いと賃率が高くなると生産が減少することを指摘[7] している。その理由は、伝統的生活（保守主義）を尊重する意識によるものであった。一方、当時のプロテスタントの宗教的意識（ベルーフ等）に基づく行動は、労働そのものを自己目的化するものであり、産業資本主義への移行を推進したのである。

　『プロテスタンティズムの倫理と資本主義の精神』における一般的な重要性、すなわち、宗教的倫理に基づく心理的態度が社会や組織集団の活動に大きな影響を与える、といった点は、多方面の学問領域に関わる内容であるが、経営社会学においては、社会や集団について考えるとき、中世から近代社会への移行を牽引する成員（組織体において産業資本主義を牽引する人々）の重要な意識としてエートスを捉えることができる。すなわち、近代社会への移行において経営者、労働者の宗教も含む文化的背景について、彼ら彼女らの経営、労働や職業のあり方の変化（エートスの変化）を組織活動のあり方の変化（産業資本

主義への移行）として捉えて指摘している。しかし、時代が進み現在に至ると資本主義の担い手の意識と行動は当時と大きく異なり、組織活動のあり方も大きく異なってきたことは周知の通りである。

　しかし、ここで留意すべき点は、20世紀初頭のアメリカにおける科学的管理法やそれに続く人間関係論の登場以前に、すでにヴェーバー兄弟らによる既述の研究において、経営の「社会的側面」と経営の「合理的側面」から、近代社会における組織集団とその成員との関係についての研究がなされていた点である。そして、協働のあり方に、人間の意識や認識が深く関わり、組織集団活動の基礎となっている点は、現代の経営社会学の重要な視座でもある。

第2節　ヴェーバーの2つの視点（合理的側面と人間的側面）

　ヴェーバー，M. は、近代化は合理化過程であるとの視点に立っており、科学的管理法（scientific management）[8] を体系化したテイラー、F. W.（Taylor, Frederick W.）のアプローチについて、まさに合理化過程を具現化したものであると評価している [9]。また、近代社会のプロセスが合理化過程であり、また、組織が支配と服従の関係を有するとする彼の考えを踏まえれば、官僚制組織はそれまでの人格的に結びついた家父長的で前近代的な組織と異なり、合理的、合法的組織で、効率的効果的な組織活動が展開できるとするのは理解できる。具体的には、規則による管理、権限の階層化（ヒエラルキー）と権限委譲、そして、職務をベースに専門化した業務遂行および文書に基づく事務処理が、その基本的特徴としてある。確かに、官僚制は、古代・中世・近世等での呪術的組織も含めて非合理的組織と比較するとまさに合理化された合法的組織といえる。

　一方、ヴェーバー，M. も評価したテイラーの科学的管理法は、人間関係論の時代にその限界が明らかになる。すなわち、1924年のホーソン工場の照明実験により、人間に対して機械的なアプローチによる生産性向上の仮説 [10] は棄却された。さらに、1927年からの電気組み立て作業実験により、同様に物理的条件が作業能率に影響を与えるのではなく、被験者の親密さや被験者とし

ての高い意識等が生産性に影響を与えていることが認識された。そして、1928年からの 2 万人の面接調査、1931 年からのバンク配線作業実験ではインフォーマル集団の特性が明らかにされ、人間関係論が登場した[11]。

　また、官僚制組織は、マートン（Merton, Robert King）により、官僚制の逆機能として、規則過信、責任回避、閉鎖主義、前提主義、画一主義、権威主義、形式文書主義、等が指摘され、その限界が明らかになった。

　しかし、科学的管理法にしても官僚制にしてもいずれも社会の発展と歴史的経緯の中で理解されるべきもので、たとえ限界が指摘されても、合理化過程において今日につながる近代化の重要なプロセスであったことにはかわりはない。留意すべき点は、ヴェーバー，M. は、テイラーの科学的管理法を評価し実際の工場の現場レベルの合理的アプローチを重視しているだけでなく、次元を異にする視点から、前節で述べたように、人間的要素のアプローチ（例えばエートス）も重視している。合理化過程を重視するヴェーバー，M. にとって、官僚制組織の合理性、合法性は、効率的・効果的な人間集団の活動の実践のために必要不可欠な要素であるが、それと次元を異にした前述の人間的側面も協働する人間集団の活動に大きな影響（人間の意識、心情の生産性への影響）を与える必要不可欠な要素である点が重要なのである。一見、矛盾するようなこの 2 つの要素および視点は、それぞれが独立して成立している要素・視点であり、経営現象・社会現象はこの両極から形成されているのである。

　また、この 2 つの要素・視点の 1 つである、合理的、機械的アプローチから生じる限界については、すでに自ら、「工業労働の精神物理学について」（1908－1909 年）[12] の研究において明らかにしている。すなわち、機械的なアプローチによる生産性の向上には限界があることを実証的に、労働能率の変動[13]（例えば、労働者の 1 日当たりの能率[14] 等）の数値データにより検証を行い、機械的に人間の生産性を管理することはできない点を指摘し、むしろ、文化的要因の影響が重要であるとしている。つまり、人間の機械的労働生産性は、労働者の属性として文化的な背景、特に宗教的な背景が強く影響しているということである。例えば、敬虔派の宗教的内面の心理的態度により労働生産が高く維持される[15] ことを指摘している。また、宗教的な面だけでなく成員の社会的なあ

り方、精神的な心の持ち方が生産性に影響を与えることも指摘している [16]。このことを一般化して言えば、集団あるいは個人の文化的な相違が生産性に影響を与える、ということをすでに指摘しているのである。

　また、ヴェーバー，M. は、『プロテスタンティズムの倫理と資本主義の精神』で、農業労働者の出来高払い制度の事例を、具体的数値を用いて、必ずしも機械的に労働生産性の向上が期待できるものではない [17] ことを指摘し、加えて、宗教的意識のあり様が近代社会の組織集団活動に影響を与えているとしている。

　さらに、興味深い点は、すでに非公式な組織としての集団、例えば、組織化されていない集団（連帯がない集団）が生産に影響を与えることを、サボタージュ等を例に指摘 [18] しており、メイヨー（Mayo, George Elton）らの 1930年前後の人間関係論におけるインフォーマルグループの発見とは視点は異なるが、非公式の組織の活動が生産に影響を与えることにも言及している。

　もとより、機械的な視点に立つテイラーの科学的管理法（Scientific management）と比較すると、宗教心の信条が、人間の行動、経営観や労働観に影響を与え、中世、近世の商業資本主義から脱却させ、近代産業資本主義に発展させた理由としている点は、両者が次元を異にした現実を論じており、同列に比較することはできず、むしろ、これら次元を異にする 2 つの両極が、経営社会現象を形成している点に留意しなければならない。ヴェーバー、M. が、出来高賃金払いについて、仕事に取り組む当事者の意識のあり方がその能率や成果に大きく影響していると考えるのに対して、テイラーの異率出来高賃金払い制の考え方（インセンティブと成果の関係の捉え方）は、次元を異にしたアプローチなのである。

　換言すれば、機械的合理性で生産性を捉えることができる一方、人間集団においては、単に、機械的に捉えたインセンティブのメカニズム（賃金増加が生産性向上と連動）のみに基づくのではなく、ヴェーバー，M. の当時の研究では当事者の宗教的信条のあり方（今日的に一般化して捉えると人間的側面）が強く影響するのである。今日的に、より一般化して言えば、人間集団においては、人の意識のあり方、社会的、文化的な影響が生産性に強く影響を与える、

という視点を明らかにしている点が重要である。

　すなわち、人間的（文化的）アプローチと合理的（機械的）アプローチの両者が、独立的に近代社会の重要な構成要件で、機能集団・組織と成員との関係および産業資本主義の社会の説明において不可欠であることを示唆している。

　なお、筆者のここでの指摘は、どちらかの側面がその一方より勝るといっているのではない。重要な点は、結果あるいは現象は相互に関係し合って形成されるため、経営の実践では両視点を調整することが重要である点である（図2-1）。第4章「経営の社会構造（対立・支配）とダーレンドルフ」もこの視座から検討している。

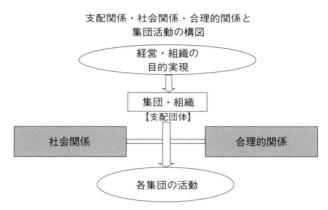

図2-1　支配関係・社会関係・合理的関係と集団活動の構図
資料：筆者作成

注
1）　この問題に関する論文等は1910年から1915年までに9本公開された。
2）　Weber, M., 1908, "Methodologische Einleitung für die Erhebungen des Vereins für Sozialpolitik uber Auslese und Anpassung（Berufswahlen und Berufs-schicksal）der Arbeiterschaft der geschlossenen Grob-industrie", *Gesammelte Aufsätze zur Soziologie und Sozialpolitik*, S37.（鼓肇雄 訳、1975、『工業労働調査論』日本労働協会、43頁。）
3）　ダーレンドルフは、調査内容を「労働者の社会的ならびに地理的出身、その選択の原則、個々の労働過程の物理的ならびに精神的条件、労働能率とその条件、昇進の機会と昇進の前

提、労働者層の社会的構造、経営的労働界への適合の様式と過程」と要約した。Dahrendorf, R., 1956, *Industrie- Und Betriebssoziologie*, Sammlung Göschen, Band 103, Walter de Gruyter & co., S.24-25.（池内信行・鈴木秀壽 訳、1961、『産業社会学』千倉書房、28-29 頁。）

4)　Weber, A., 1910, "Arbeitsplan", Schriften des Vereins für Socialpolitik, Bd. 133, 1910, SS. Ⅷ - Ⅺ. 邦訳、69-76 頁。

5)　Weber, M., 1966, *Soziologische Grundbegriffe*, 2., durchgeschene, Auflage J. C. B. Mohr（Paul Siebeck）Tübingen, S.37.（清水幾太郎 訳、2005、「第 3 節社会的関係」『社会学の根本概念』岩波書店、75 頁。

6)　調査タイトルにある「封鎖的（閉鎖的）」は、「第 10 節開放的関係と閉鎖的関係」『社会学の根本概念』（『経済と社会』第 1 部第 1 章）での社会関係と同様の概念にある。（鼓肇雄、1971、『マックス・ヴェーバーと労働問題』、113 頁）

7)　Weber, M., 1963, *Gesammelte Aufsätze zur ReligionssoziologieI*, S.43-45.（Parsons, T., trans., 1930, *The Protestant Ethic and the Spirit of Capitalism*, Butler and Tanner Ltd, pp.58-60.

8)　科学的管理法の内容を 4 区分すると、①職務の設定、②標準作業量の設定、③合理的階層性、④労使協働である。

9)　Weber, M., *Wirtschaft und Gesellschaft*, Fünfte Revidierte Auflage, 2. Halbband, J. C. B. Mohr（Paul Siebeck）Tübingen, 1976, S.686-687.（世良晃志郎　訳、1973、『支配の社会学Ⅱ』創文社、p522。）

10)　1924 年の照明実験において、照明度を変化させたグループと一定に保ったグループの生産性を比較したが、有意な差はなかった。

11)　Roethlisberger, F. J, Dickson, W.J. Wright, H. A., 1939, *Management and the Worker*, Harvard University Press.

12)　Weber, M., 1908, "Zur Psychophysik der industriellen Arbeit（1908-09）", *Gesammelte Aufsätze zur Soziologie und Sozialpolitik*, S.61-255.（鼓肇雄訳）、1975、「工業労働の精神物理学について（1908-1909 年）」『工業労働調査論』日本労働協会、77-324 頁。

13)　Weber, M., a.a.O., S.136. 邦訳、168 頁。

14)　Weber, M., a.a.O., S.192-193. 邦訳、242-244 頁。

15)　Weber, M., a.a.O., S.161. 邦訳、199 頁。

16)　Weber, M., a.a.O., S.155. 邦訳、192 頁。

17)　Weber, M., 1963, *Gesammelte Aufsätze zur Religionssoziologie I*, S.43-45.
（Parsons, T. trans., 1864-20, *The Protestant Ethic and the Spirit of Capitalism*, Hard Press, pp.58-60.

18)　Weber, M., 1908, "Zur Psychophysik der industriellen Arbeit（1908-09）", *Gesammelte Aufsätze zur Soziologie und Sozialpolitik*, S.157.（鼓肇雄 訳、1975、「工業労働の精神物理学について（1908-1909 年）」『工業労働調査論』日本労働協会、194 頁。

第 **3** 章

経営社会学とブリーフス

第１節　ブリーフスとヴェーバー

　動力革命と工場制機械工業の発達を契機とする近代社会の到来は、産業資本主義の下、近世までにはみられなかった機能・組織集団活動を広めるとともに、職場集団において新たな社会関係も拡大させた。また、同時に、そうした社会の大きな変化の実態を究明すべく、近代社会の諸現象に対する研究も始まった。例えば、既述のヴェーバー兄弟のドイツ社会政策学会での「封鎖的大産業経営の労働者の選抜と適合 —— 職業選択と職業運命」の研究では、産業資本主義の発達において、会社等（組織体）の従業員（成員）の意識のあり方や関わり方を、近代社会の経営体と社会そしてその新たな担い手たちを研究対象とし、社会の新しい推進力としての資本主義メカニズムが社会に浸透し工場制機械工業の実践の場である職場において、成員と集団、そして社会との関係が近世に至るまでと比較して、どのように変容しているのか等が研究された。

　ヴェーバー，M. は、近代社会への移行において、資本主義メカニズムがなぜ浸透したかについて、人間的側面からの考察では、『プロテスタンティズムの倫理と資本主義の精神』において、個人・集団活動の意識の原点になるエートス（ここでは宗教的内面の意識と態度）こそが初期の産業資本主義を推進・定着させた要因であったことを指摘した。すなわち、プロテスタントの職業観念に基づく合理的生活態度が産業資本主義へ移行をさせた。その合理的生活態度を支えたのは世俗内禁欲 [1] の精神であった。しかし、彼も指摘しているよ

うに、その精神は時代とともに合理化されて構築された社会システムにより、初期の世俗内禁欲の精神によらない社会的動機が拡大してしまう。

　また、ブリーフスも社会的エートスの重要性を指摘するが、彼は社会的エートスを価値志向や価値秩序とし、そのあり方が経営組織、職場そして職場の成員に本質的な影響を与えると考える。そして、社会的エートスが経営の社会構造に大きく影響を与えると考えるのである[2]。また、彼は、経営を「社会的環境の影響」（社会階層、社会エートス）、「経営体制」（集団形成、ヒエラルヒー、規律、適応）、「社会的経営問題」（疎外、経営遂行の形態、闘争、調停）から捉えている。彼にとって経営は、空間的・時間的そして技術的な条件下における人間協働の営みであって、そこにおいて、社会関係、社会過程および社会形象が生じるのである[3]。

　彼の研究の特徴を表す人間疎外論は、マルクス（Marx, Karl）の疎外論と比較すると経済的側面に価値を置くのではなく、まさに人間的側面、技術的側面を重視した議論で、同じ資本主義メカニズム下の労働者を論じるとはいっても、人間疎外に対してのアプローチは違う。マルクスの疎外論の「所有の疎外」における労働者は、経済的所有の視点から資本主義におけるプロレタリアートとしての賃労働者であくまでも労働力を提供する経済的社会階層問題であるが、ブリーフスにおける対象は、人間としての成員および技術による影響で、経済的側面から捉えるのではない。人間としての内心や技術が重要な対象であって、人間が生産業務（仕事）を通して形成する人間的意識を対象としている。彼の人間疎外に対する分析は、技術革新により従来の方法（自らが主体者となって生産手段や製品等と相互関係を持って生産プロセスに携わること）は、もはや実践できなくなったことにより、人間的な活動とは切り離されてしまう点に着目している。この意味において、経済的な生産設備・生産手段の所有が問題の本質ではなく、生産活動を通して生成される人間的意識のあり方が重要な対象となるのである。

第2節　ブリーフスの人間疎外

　ブリーフスは、19世紀後半から20世紀前半にかけての当時の状況を通して、人間的側面から、次の4つの疎外[4]、すなわち、所有の疎外、労働の疎外、労働空間の疎外そして労働者間の疎外、を論じた[5]。そこに、彼の経営社会学の特徴が表れている。

1.　所有の疎外

　ブリーフスの所有の疎外は、所有とはいっても物質的な所有の如何を問題にしているのではない。所有から派生する当事者の人間的側面を重視しているのである。

　原初的な例で示せば、自給自足的社会では原則、自らの道具を使用して生産あるいは狩猟等をするが、当事者はそのプロセスにおいて充実感や満足感あるいは誇り等人間としての感情を持つことができた。狩猟にしても農耕にしてもあるいは生産にしてもその取り組みで人間性ある意識が生じ本人の一部となっていた。このプロセスにおいて生産財（活動のための道具等）は、本人所有が前提で、人間的活動と生産財は表裏一体であった。しかし、近代初期の工場賃労働者は、作業としての労務の提供のウェイトが高く、精神的報酬も含む人間的要素は極めて希薄な状況が発生した。生産手段の所有と人間的活動が分離していった。工場制機械工業の発達は、生産現場での人間的要素を切り捨て、経済合理性や機械的メカニズムのみを優先した脱人間的メカニズムを拡大させた。生産は人間的プロセスとは無関係で、成員は機械の延長線上に位置づけられ、文字通り労務給付のみが期待される存在となり、生産や仕事のプロセスで形成される人間的要素はなくなってしまったのである。

　ブリーフスは、当時、「所有」を単に二律背反（マルクスは最終的には階級間闘争に繋がる）の所有権として捉えるのでなく、むしろ財の所有と表裏一体の人間的プロセスとしての価値を見いだし、所有の疎外を人間疎外という新た

な社会問題として認識した点が重要である。単に経済的所有の問題に終始する
なら、ブリーフスのいうところの所有の疎外の問題は解決できないのである[6]。
この特徴は、当時、ブリーフスが重要視した技術的側面からの影響が今日拡大
し、時代を画する新技術としての ICT や AI 等が人間的側面において新たな影
響を与え、やはり重要な視点といえる。ブリーフスの所有の疎外の視点は、人
間的側面を重視したアプローチにより当時の産業化、機械工業化とその影響下
の人間の問題の本質を捉えており今日でも同様に重要な視点といえる。

2.　労働の疎外

　労働疎外は、科学的管理法でテイラーが主張する機械的能率性を重視する生
産に付随して発生する現象である。人間を工場の機械のメカニズムに組み込む
ことから生じる疎外で、人間的な働き方（今日で言えばディーセント・ワーク）
と相いれない働き方から発生する疎外である。当時、アッセンブリーラインで
の大量生産を象徴するテイラーの科学的管理法が浸透し、その後、人間関係論
そして行動科学等が人間的側面からの研究を発展させた。一方で、ブリーフス
は人間的労働という視点から人間と機械製工業化社会の問題点を捉えて、実際
の経営（協働の継続的活動）の視点から非人間的な機械的労働を人間疎外とし
て論じた。人間的労働が経営体とそれを構成する小集団の活動の源泉であるこ
とを考えれば、人間的労働のあり方は、経営体の業績に深くかかわるだけでな
く、その成員の状況に強く影響を与え、また、経営体を通じて社会にも影響を
与えるのである。当時の人間疎外は、労働のあり方が非人間的（機械的）で、
そのことが当時の工場制機械工業の職場における本質的問題の 1 つであり、そ
の問題は社会問題となるとともに経営問題でもあったのである。国民経済的な
視点からの社会政策だけではなく、実際の経営（協働の継続的活動）の視点か
らの社会政策の必要性を見いだしていた[7]。
　合理性の追求と人間性の追求という両極を追求する構図は今日においても
同様で、今日でいうところのディーセント・ワーク（Decent Work）やワー
ク・ライフ・バランス（work-life balance）も同様の構図を持っている[8]。ま

た、20 世紀後半での重要テーマであった労働の人間化やいわゆる時短も、ブリーフスの指摘した労働の疎外から今日につながる同様の構図を持った一連の共通したカテゴリーに属する古くて新しい問題なのである。

3.　労働空間の疎外

　工場における機械のレイアウトのあり方は、人間の職場生活を物理的に制約する。仮に至近距離に同僚がいたとしても背中合わせの向きにラインで 1 日中作業をしなければならない機械的業務を強いられれば、人間的コミュニケーションができない。加えて、持ち場を休みなく 1 日中離れることができないとするなら、非人間的なストレスのたまる職場環境といえる。当時の工場制機械工業の職場はこの種の問題を多く抱えていた。今日では容易に推測できる、空間と職場生活の密接さの問題である。

　ブリーフスのいう労働空間の疎外の特徴は、実際の現場における疎外問題で、マルクスが指摘した経済的視点からの疎外問題ではない。今日においては、空間が人間生活に重要な要素であることは多くの領域で認められていることであるが、当時の工場制機械工業の製造現場での労働が生産効率優先の物理的視点から決定され、人間的配慮が乏しく、職場環境としての重要な空間は機械優先となっていたことから生じる問題として、工場における人間活動や人間的な職場生活、加えて人の配置等の作業環境、および職場環境等の問題をブリーフスは現場における人間的視点において論じた点に特徴がある。

4.　労働者間の疎外

　これは人間的な協働における疎外を指摘している。近代社会の初期の工場制機械工業の発展時期においては、生産効率向上のために機械優先の工場労働者の職務設計やレイアウトがなされていたことは、人間を機械の代替と考える発想でまさに人間疎外であった。それは「人間的協働」ではなく「機械代替職務」でしかない。ブリーフスは経営を協働の視点から捉えており、労働者間の疎外

はまさに人間的協働の侵害ということになる。より一般的に言えば、人間相互のコミュニケーション環境の棄損や人間の相互関係の妨害による人間的協働の侵害である。人間的協働は人の持つ基本的人間行動であり、基本的欲求と深く関係している。それが侵害されることは今日においても人間疎外や人権侵害につながる。ブリーフスは近代社会の構築、発展期の機械優先の生産体制が、人間的なつながりを遮断する問題を発生させていることに対して、人間疎外として論じたのである。

5.　小括：ブリーフスの疎外と現代

　ブリーフスは、これら4つの疎外（所有の疎外、労働の疎外、労働空間の疎外そして労働者間の疎外）を通して、経営における人間問題の本質について指摘した。

　インダストリー4.0からインダストリー5.0への時代にある現在は、当時と比べ大きく技術革新し、工場制機械工業の発達はもとより AI や ICT 革命によるインターネット接続型（IoT）の生産や生活により社会が大きく変化しているが、こうした変化は、今日、近代社会の始まりにおける具体的現象とは異なるものの、新たな人間疎外を生みはじめている。このことは、新時代での技術革新が新たな人間疎外に繋がることを意味するとともに、変わらぬ人間の本質から、現象は異なっても人間疎外に至る構造が同じであることに留意する必要がある。

　時代を超えて今日も共通する経営社会構造下において、現代の経営現象（例えば人間疎外で言えば、ディーセント・ワークや CSR の必要性等）を明らかにし、問題を解決することが求められている。また、今日の技術の発達は近代の機械制工業が発達し始めた当時とは異なり、ICT や AI の発達が社会を変革させ、新たな技術の登場が、ブリーフスの時代とは異なった形で企業活動や社会と人間の関係に影響を与えている。しかし、組織・集団における社会関係の本質は今も昔も共通であり、人間的アプローチにより対処せざるをえないのである。

注

1) Weber, M., 1963, *Gesammelte Aufsätze zur Religionssoziologie I*, J. C. B. Mohr（Paul Siebeck）Tübingen, S.203.（Parsons, T., trans., *The Protestant Ethic and the Spirit of Capitalism*, Hard Press, p.180.

2) 面地豊、2002、「ブリーフスの経営社会学」『経営社会学の生成』千倉書房、159 頁、162 頁。面地豊、1993、「ブリーフスの経営社会学」『西独経営社会学の展開』千倉書房、4 頁、29 頁。

3) Dahrendorf, R., 1956, *Industrie- Und Betriebssoziologie*, Sammlung Göschen, Band 103, Walter de Gruyter & co., S28.（池内信行、鈴木秀壽 訳、1961、『産業社会学』千倉書房、33 頁。）また、ブリーフスは、経営社会学の問題を、①一般社会の経営に対する制約関係、②経営それ自体の内部における社会関係、③経営社会関係の一般社会におよぼす影響、とした。（村田稔、1985、『経営社会学』（経済会計全書 24）、日本評論社）。

4) 面地豊、1998、「経営と疎外」『経営社会学の生成』千倉書房、127 頁。面地豊、1993、「ブリーフスの経営社会学」『西独経営社会学の展開』千倉書房、14 頁。

5) 石坂巌、1968、『経営社会政策論の成立：巨大経営組織と機械化労働の問題』有斐閣、72 頁。

6) 例えば、労働者階級の自治として工場で経営がされてもそこでの労働者がやはり単に労務の提供のみで終わるのであれば人間疎外問題は解決されない。

7) 第Ⅱ部の各章（現代の各テーマ）においても、今日的社会経済環境において、共通して協働のあり方に社会制度が深く関わるため、どのような社会ルールを構築するかが以前に増して重要になっている。

8) 「公正なグローバル化のための社会正義に関する ILO 宣言」（2008 年 6 月第 97 回 ILO 総会）に基づけば、ディーセント・ワークは、（1）雇用の促進、（2）社会的保護の方策の展開及び強化、（3）社会対話の促進、（4）労働における基本的原則及び権利の尊重、促進及び実現の 4 つの戦略的目標を通して実現されるとする。仕事と生活の調和実現のための取り組みを行うワーク・ライフ・バランスも含めて、第 2 部各章の筆者の提言は実現に向けての取り組みについて論じている。

第**4**章

経営の社会構造（対立・支配）とダーレンドルフ

第1節　対立関係と経営社会学

　ヴェーバー，M. は、既述のとおり、『社会学の根本概念』の第3節「社会関係」において、「双方の行為の相互関係」として、社会関係の諸相を指摘するとともに変化することを指摘しているが、その関係状態の1つに対立関係がある（図4-1）。また、ダーレンドルフ（Dahrendorf, Ralf）は、対立が機能集団における成員間に宿命的に存在することを指摘し、その調整が経営社会学における重要なテーマであるとして、その著『経営社会学』で論じている[1]。

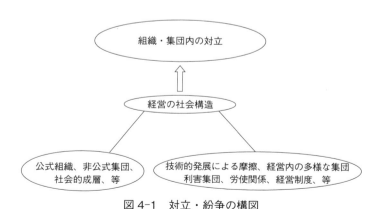

図4-1　対立・紛争の構図
資料：ダーレンドルフ、R.（1959）を基に筆者作成

　この宿命的に組織・集団に存在する「対立」は、時代を越え各組織体に形を変えて現れる。1990 年代以降の日本の職場のさまざまな対立は、近代初期の特徴である社会階層間の対立としてではなく、正規・非正規といった雇用形態の違い（第 II 部第 10 章「非典型労働と経営／社会 — イギリス・オランダ・スペイン等との比較」）や企業規模の違い等による格差の対立として現れている。

　職場での具体的な対立の領域を挙げれば、①昇進・昇格、②人事考課、③労働時間（残業を含む）、④休日・休暇、⑤賃金（月例給与・賞与等）、⑥ワーク・ライフ・バランス、⑦退職金、⑧人事異動（出向・転籍含む）、⑨解雇・退職勧奨、⑩社内の人間関係（いじめを除く）、⑪いじめ、⑫男女の均等取扱い、⑬セクシャル・ハラスメント、⑭教育・訓練、⑮上司の職場管理、⑯仕事の内容、等があり、近代初期の人間疎外問題も今日これらの視点から捉えることができる。イデオロギーの違いによる昔ながらの階層間の対立とは異なる。

　また、これらの対立を社会問題として捉えるのでなく経営社会学の視点で捉える時、対立関係が経営において、文化的、社会的、経済的になぜ発生し、どのような特徴があるのか、そして、対立は、支配や指揮命令関係等も含めて構造的にどのように説明されるのか、が重要である。また、実践面では、どのように調整されるのか、統合されるのかの問題である。

　経営社会学は実務的学問ではないが、この問題への対応を図ることは、生産性の高い組織集団の形成にもつながる。すなわち、宿命的な集団内の対立関係を調整することにより集団は高い生産性を発揮、維持できるのである（この点については第 II 部第 13 章「個別労働紛争（対立）の企業内外での調整：日英の比較」を参照）。

　また、ダーレンドルフの対立観は、けっして消極的に対立を捉えるものではなく、むしろ積極的に評価している。つまり、健全な対立は社会の発展あるいは状況を改善するためのプロセスであり、健全な対立が無いことはかえって組織や集団の発展を遅らすものと考えている。彼は、その著『経営社会学』の中で、健全な対立が無い状態は現状を良しとして変革発展が期待できないとしている[2]。人間関係論における親和的関係が集団の業績を高めるとして高く評価される一方において、彼の指摘に限らず、対立関係が集団の業績を低めるか否

かについて、健全な労使関係の対立関係がむしろ集団の業績を高めるとする考え方がある。組織・集団は常に環境変化に応じるとともに、特に昨今は技術の発展に大きく影響されながら、変化の過程で生じる対立を克服しながら再生・発展していると考えるのである。

また、ヴェーバー，M. は、社会関係の1つのカテゴリーに競争関係や対立関係があることを指摘するだけでなく、組織・集団の指揮命令関係の根拠、すなわち、統率、支配の妥当性の根拠について、支配の社会学[3] として説明している。カリスマ的支配、伝統的支配そして合法的支配について論じ、組織・集団が構造的に持っている対立的関係が指揮命令の実際において、なぜ組織集団の成員に受け入れられるかを説明している。組織・集団が指揮命令によりその目的を推進する際に、フォロワーがなぜその指示命令に従うかの基礎的枠組みである。

加えて、組織・集団が人と人との関係により構築されていることは、そこで生じる具体的な個々の現象が、関係者の社会的行為の理解（解釈）に大きく影響されることを意味し、また、人間の認識のあり方を通して対立を捉えることができることも意味する。そして、それは、実践においては、認識の変革を通して対立が解消されることを示唆している。

一方、対立は構造機能主義的視点からも捉えることができ、パーソンズ（Parsons Talcott）の社会システム論は示唆的である。パーソンズは構造的に社会システムを捉え AGIL 図式（AGIL paradigm）により説明した。すなわち、A は「適応」（adaptation）、G は「目標達成」（goal attainment）、I は「統合」（integration）、そして、L は「潜在的パターンの維持・緊張処理」（latent pattern maintenance and tension management）により社会の構造と機能を説明した。これを「対立」の構造で捉えると、「潜在的パターンの維持・緊張処理」は「対立」の調整・維持機能である。さらに、「統合」は、「対立」の新たな次元での親和と実践、すなわち、経営の社会システムの統合を意味する。前述のヴェーバー，M. における対立の指摘においては、個人の社会的行為の理解が重要であるが、パーソンズの社会システム論における構造機能主義的アプローチで示唆的なのは、対立の調整統合機能が社会の維持に深く関

わっているということである。これは経営における対立の社会構造においても同様で、調整統合機能が組織体としての維持・活動においても重要であることを意味する（構造機能主義的アプローチから、対立紛争を労使関係において説明しているのは、ダンロップ（Dunlop, John Thomas）で、労使関係に影響を与える環境要因を指摘した上で、労使関係を構造的に労使関係制度論として説明している）。

　しかし、組織集団を対象とする経営と社会を対象とする社会システム論を比較すると、統合とはいっても、AGIL 図式における社会の統合は、組織・集団における統合ではなく、あくまで社会を対象とした理論である。機能組織・集団を対象とする組織集団における統合の研究では、対立の特徴を形成する指揮命令関係に関しての分析・検討がさらに必要となる。すなわち、ダーレンドルフやバーナードあるいはフォレット[4] における組織集団における対立の調整、統合では、組織の持つ指揮命令関係を踏まえて、実際の現状の対立構造を越えた別の発展的次元で対立を捉えなおし、新たな関係の構築により機能組織・集団における個と集団の統合を目指している点に留意しなければならない。調整・統合については、第 8 章「経営の対立関係と調整・統合」で論じる。

第 2 節　支配と指揮命令

1.　支配関係の 2 つの類型

　組織・機能集団はその活動において指揮命令のメカニズムを持っている。このメカニズムは組織・機能集団の態様は異なっても存在し、家父長制の集団であれば家族の統率を戸主の家長が支配する形態となる、支配関係、指揮命令関係については、既述のとおり、ヴェーバー, M. は『経済と社会』第 I 部「社会学的範疇論」、第 3 章「支配の諸類型」等で論じているし、ダーレンドルフは、『経営社会学』で支配団体として論じ、また、バーナードは『経営者の役割』において組織権威等で論じている[5]。組織・機能集団を論じる際に避けては通れないテーマである。

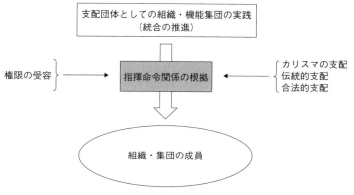

図 4-2　組織・機能集団の統合の関連図
資料：筆者作成

　支配関係、指揮命令関係（図4-2）は、組織・集団活動の基本的構造・フレームワークの柱である。このことは現在の労働関係の規範としても確認できるが、例えば、労働基準法（以降、労基法）や労働契約法（以降、労契法）に労働者の定義をみると、労基法第9条[6]、労契法第2条第1項[7]で指揮命令関係が存在することが要件となっており、今日においても、指揮命令関係が組織・機能集団と個人の関係における基本構造であることを示す。労基法は、労働者保護に関する法律の1つであるが、保護すべき対象（適用対象を限定するための労働者の定義）を明確にするとき、組織・集団における位置づけを明らかにする必要（労基法の適用対象を特定する必要）があるため、指揮命令関係があることが労働者の定義の要件の1つとなっている。すなわち、組織・機能集団の成員と集団との基礎的関係として指揮命令関係（支配関係）があり、その関係がなければ労基法では労働者としては認められず、労働者としては保護されない。指揮命令関係が、組織・機能集団とその成員の関係を判断する重要な規準の1つであることを示している（独立自営労働者：independent contractor の保護が社会で現在問題になっているが、それは指揮命令関係が当事者間にあるケースが多いからである）。

　組織集団の成員間の基礎的関係の1つは指揮命令関係であるが、その基礎に

ある支配関係は意思決定のあり方により、大きく２つに分類できる（図4-3）。
１つは一元的意思決定型であり、もう１つは二元的意思決定型（共同決定型）
である。一元的意思決定型は、支配従属的関係性を主とした組織・機能集団で

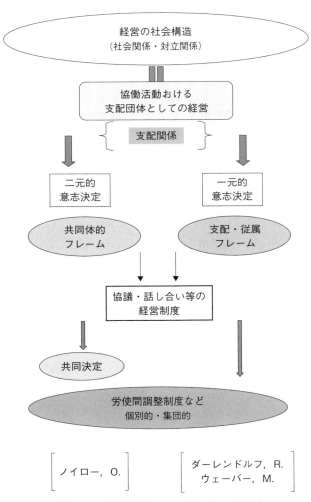

図 4-3　支配関係についての２つの類型
資料：筆者作成

あり、二元的意思決定型は、共同体的関係性を主とした組織・機能集団である。指揮命令関係の視点から見れば、一元的意思決定型は、二元的意思決定型と比較してより支配従属性が強く、命令する側とされる側が明確な組織・機能集団であが、二元的意思決定型は、相対立する位置づけの二者が共同で意思決定をする組織・機能集団である。実際には、その程度により組織集団の性質が決まる。

　意思決定のプロセスは前者と後者で大きく異なるが、両者とも意思決定プロセスにおいて、話し合いや協議のプロセスが重要なステップである点では同じであり、この点が具体的実践において重要である。すなわち、それぞれのフレームにおいて発生する対立を話し合いで調整解決する経営制度を通して効率的効果的に調整される。

2. コーポレート・ガバナンスと支配／指揮命令関係

　支配関係、指揮命令関係の問題は、古くて新しい問題で、コーポレート・ガバナンス（企業統治）の問題としても社会で広く論じられている。換言すれば、制度的な支配ルールと支配のあり方の問題である。また、組織・集団活動の基礎にある支配関係、指揮命令関係は、今日の経営上の主要課題の１つでもある。

　組織・集団は、その活動の実践において、組織的にも制度的にもそして個人の内面においても宿命的に対立関係を持っているが、制度的にその対立関係を統合するメカニズムの構造は大きく３つに分類できる（図4-4）。第１は、経営の意思決定において命令する者とされる者が分離した構造において、統合さ

成員の関係 ─── ─── 一元的関係（第１カテゴリー）
　　　　　　　　　─── 一元的擬似共同体関係（第３カテゴリー）
　　　　　　　　　─── 二元的関係（第２カテゴリー）

図 4-4　コーポレート・ガバナンスにおける指揮命令関係の考え方
資料：筆者作成

れるカテゴリーである。第 2 は、経営の意思決定において、命令される者とされる者により共同して意思決定がなされるカテゴリーである。そして、第 3 カテゴリーは、第 1 カテゴリーと第 2 カテゴリーの折衷的カテゴリーである。

　第 1 のカテゴリーは、意思決定の一元的メカニズムとも呼べるカテゴリーで、ヴェーバー，M. やダーレンドルフの考える支配 ― 従属の構造と意思決定の構造が一元的なカテゴリーである。一方、第 2 のカテゴリーは、意思決定の二元的メカニズムとも呼べるカテゴリーで、ノイロ ―（Neuloh, Otto）の考えに代表される考え方で、意思決定が必ずしも一方のみではなく、支配、従属の双方によりなされるカテゴリーである。

　この二者を比較するうえで留意すべき点は、カテゴリーの前者および後者は、いずれも支配 ― 従属関係から生じる対立関係を組織集団は構造的に持ち、その解消のために、効率・効果的な調整機能・調整制度をいずれも必要としている点である。その調整機能・調整制度の視点において、一元的メカニズムは、意思決定プロセス以外で調整機能を持つが、二元的メカニズムは意思決定プロセスにおいても調整機能を持つ。そして、この調整機能・調整制度の視点は、理念的レベルではなく制度的レベルの視点であって、人間集団の持つ宿命的対立構造を前提として、その調整を図っているのである。ノイロ ― は、この二元的メカニズムの実践の根拠法である共同決定法の意図を、労使関係の新秩序を意図し、新経営スタイルが定着するにはそれを推進する人たちの精神に大きくかかっている、としている [8]。すなわち、産業資本主義下の組織活動体に構造的にある労使の対立において、制度、政策レベルの議論として捉えている。

　意思決定の一元的メカニズムと二元的メカニズムの大きな違いは、第 1 のカテゴリー（意思決定の一元的メカニズム）では、経営の意思決定とその実践は、分離しており意思決定する側とそれに従う側は異なる位置づけで組織集団活動が実践されるが、第 2 のカテゴリー（意思決定の二元的メカニズム）では、経営の意思決定において意思決定に従う側も意思決定に参加するため、経営の意思決定とその実践は、前者のようには分離していない。

　また、第 3 のカテゴリーは、一元的擬似共同体メカニズムで、構造的には

　第1のカテゴリーであるが運用レベル（実践レベルで）において、第2カテゴリー（意思決定の二元的メカニズム）に似た状況をもたらすカテゴリーである。一例を挙げれば、戦後の日本的経営の企業で、経営層は当該企業のかつての指揮命令を受ける社員であったが最終的には経営層の一員となり意思決定する側となるケースである。意思決定をする側と従う側が時間を経てつながっているため、意識的には連動性があり日本的経営の規範を支えている。そして、それを助ける社会的メカニズムに株式の持ち合いがある。昨今、金融機関の株式保有率は1988年の44.1%から2016年の28.7%までに（事業法人等では30.3%から21.9%に）減少しているように弱まっている（図4-5）が依然高い水準である。完全分離型が多いアメリカ型の一元的意思決定メカニズムとは異なる。

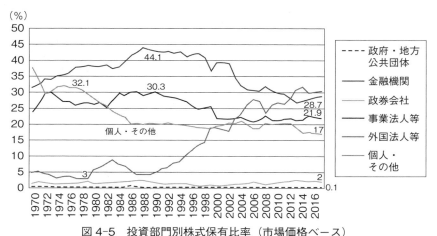

図4-5　投資部門別株式保有比率（市場価格ベース）
資料：日本取引所グループ「2017年度株式分布状況調査」を基に筆者作成

　基本的にこの3つの考え方が、制度としてのコーポレート・ガバナンスとして具体化している。換言すれば、組織・集団の社会関係等の状況が最終的には企業の実態を形成する。組織・機能集団の成員間の関係の状況が重要である。
　これら3つのメカニズムの支配関係、指揮命令関係のあり方をアメリカ、ド

イツそして日本のコーポレート・ガバナンスで言えば、アメリカは一般的な企業統治において、意思決定は経営層の専権事項で、労働者層が意思決定の議決権を持つことはない（一元的関係）。また、経営陣は株主総会で選任された取締役が担う企業統治型であり、一方、ドイツは共同決定方式がとられ、取締役会や監査役会が大きな役割を担う。特徴として、労働者層が半数を占める監査役会が経営の意思決定に大きく関わる（二元的関係）。つまり、経営の意思決定に労働者層の意見が制度的に反映されるメカニズムとなっている。アメリカの労働者層は、労働組合により団体交渉等により労働者層の意思が経営者の意思決定を通して反映させるが、労働者の考えは意思決定メカニズムを通して反映されるのではなく、交渉による経営への働きかけの影響として経営の意思決定に影響を与えるという位置づけである。

表 4-1　共同決定法等の経緯

年・法	概　要
1920 年 経営協議会法	全国的レベルで経営事項について労働者との協議が必要となった。（株式会社の監査役会に 2 人の労働者代表）
1951 年 モンタン共同決定法	石炭・鉄鋼業で従業員 1,000 人を超える場合、労使同数の監査役会の設置。（企業規模に応じて 11 人、15 人、21 人で構成）
1952 年 経営組織法	従業員 500 人以上の株式会社、株式合資会社企業を対象。監査役会への労働者の参加比率は 3 分の 1。
1976 年 共同決定法	石炭・鉄鋼業以外の従業員 2,000 人以上の民間企業において、監査役会への労働者の参加比率は 2 分の 1

資料：筆者作成

　そして、日本は、ドイツの共同決定法（表 4-1）のように労働者層の経営への意思決定の参加を法律で定めているのではないが、アメリカやドイツと比較して生え抜きの労働者が取締役や代表取締役となることが歴史的に多いのが特徴である。こうした傾向は徐々に減少してはいるものの、経営層も含めて企業風土の特徴として、共同体的性質がアメリカより強いことがある。また、それを強める慣行としての株式の持ち合いが日本の特徴である。この傾向は以前よ

り低下しているが、まだそうした傾向は強く日本的経営の一端を示している[9]。

注

1) Dahrendorf, Ralf, 1959, *Sozialstruktur des Betriebs-Betriebssoziologie*, Betriebswirtschaftlicher Verlag, S.16.（石坂 巌、鈴木秀一、池内秀己 訳、1985、『経営社会学』三嶺書房、23 頁。

2) Dahrendorf, R., a.a.O., S45.　邦訳、78 頁。

3) Max Weber, *Wirtschaft und Gesellschaft, Grundriss der verstehenden Soziologie*, vierte, neu herausgegebene Auflage, besorgt von Johannes Winckelmann, 1956, Kapitel Ⅸ, Soziolgie del Herrschaft, 1-4. Abschnitt（S.541-632）.（= 1974、世良晃志郎訳、『支配の社会学Ⅰ』創文社。）

4) Follett, Mary Parker.（Metcalf, H.C. and Urwick, L.ed.）, 1940, *Dynamic Administration: The collected papers of Mary Parker Follett*. Harper & Brothers Publishers, p31.

5) Barnard, C.I, 1938, *The Functions of the Executive*, Harverd University Press, p165.

6) 労基法第 9 条：「この法律で「労働者」とは、職業の種類を問わず、事業又は事務所に使用される者で、賃金を支払われる者をいう。」

7) 労契法第 2 条第 1 項：「この法律において「労働者」とは、使用者に使用されて労働し、賃金を支払われる者をいう。」

8) 石坂巌、1978、『経営社会学の系譜』木鐸社、70 頁。

9) 旧来からある「会社は誰のものか？」といったコーポレート・ガバナンスのテーマに加えて昨今は、企業不祥事の防止や収益力の向上に直結するテーマが多くなっている。

第5章
経営の社会構造と社会関係

　経営は、永続的な目的的行為により構成され、その主体である経営体は利益社会関係[1] の特徴を持つ集団であり、また、経営社会構造を持つ統合された社会集団（経営社会学)[2] である。別の視点から言えば、経営は、人間的合理性と経済的合理性を基礎に環境に適合しながら実践されている社会的集団である（図5-1）。

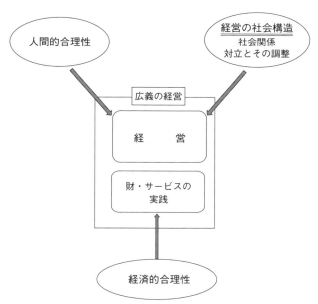

図 5-1　経営（協働）とその実践（概念図）
資料：筆者作成

　集団の協働は、人間的、社会的、文化的構造および環境構造を持つ一方で、財やサービスの実践では、経済的、合理的構造、そしてやはり環境構造を持っている。特に、経営の社会構造は、組織・集団を形成し変化させる「社会関係」に関わるカテゴリーと社会関係の変化を推進する「対立関係とその調整」に関わるカテゴリーに分類できる。本章では、経営社会学における経営の社会構造を「社会関係」と「対立関係・調整」について論じる。

第1節　経営の社会構造とダーレンドルフ

　ダーレンドルフは、機能組織・集団の組織活動は経営の社会構造に基づいた統合的システムを通して実践されるとする[3]。各組織体を構成する個々の組織における人間の協働は、機械的な連鎖ではなく人間の相互関係や社会関係を組織目的に向かって統合しながら実践される。経営の社会システムは、機械的連鎖により統合されるのではなく、社会的連鎖（相互関係や社会関係）により統合されるのである。

　機械的連鎖だけでは効率的効果的な組織活動が実践できない点について、アーウィック（Urwick, L. F.）は、仕事のマネジメント（機械的連鎖）と人のマネジメント（社会的連鎖）の視点から、それらの統合による調整の重要性を指摘[4]している。そして、社会的連鎖による統合システムを3つの視点から説明している（表7-1）。

　一方、ダーレンドルフは、経営が実践されるためには、その実践の主体となる組織が分裂することなく継続して活動する「人の集合体」として形成される必要があり、そして、組織の全体は、分業された各組織により構成され、それぞれの機能を有し、それら各組織が統合されることにより、組織全体の目的を効率的に達成することができるとする（表5-1）。組織の安定性や継続性は、成員間の結びつきや協働の状況そして職位や役割の各組織でのあり方により異なっている。別の言い方をすれば、組織活動の実践を担う各組織体の成員を1つの方向に統合する（方向性を持った合意に至らせる）ことが求められるのである。

　経営システムについてのダーレンドルフの分析は、経営体において、集団の

表 5-1　ダーレンドルフの経営の社会システムとメカニズム

カテゴリー	内　　　容
1.　組織体の維持	組織／集団としての確立と継続
2.　組織機能の確立	組織分業と各機能の確立および統合的全体へ連動
3.　成員の統合	成員の行動と感心の調和と統合
4.　組織安定性	結合と協働および各職位の機能性と経営成員の合意
5.　職位役割の結合	分業化された各職位の技術的・組織的結合（公式組織）および自発的協力の利用（非公式）
6.　組織外部との連動	社会的分化の自然発生的な原型（社会階層等）の利用

資料：ダーレンドルフ『経営社会学』を基に筆者作成

社会関係が個々のメカニズムにどのような影響を与えるのかを明らかにするとともに、社会的統合体の経営システムとして理解している点が重要である。

　経営は、個々のメカニズム・機能が同じであっても構成員が異なれば経営システム全体としては異なった経営活動になるので、その意味において、経営は1つの有機的システム体である。個々の具体的なメカニズムの足し算で全体の特徴を形成するものではない。個々のメカニズムは、当該組織の経営全体の一部にすぎないのであって、その特徴は経営全体のシステムを通して実践されるそのあり様として発揮されるのである。例えば年功的な経営システムであるかは、先任権制度（seniority systeem）の慣行があるかないかで決まるのではない。すなわち、その現象の特徴を形成するのは、各メカニズムが当該組織の社会関係制度としての経営システム（全体との相互関係）の結果であるということが重要である。個々のメカニズムは、部分的位置づけであって、経営システム全体により、その特徴は形成されるのである。

第 2 節　職場の社会関係と関係学

　経営社会学の取り組みの1つは、経営活動（協働）において、成員の社会関係や相互関係に着目して、①個人、集団、組織および職場の社会関係がどのように変化しているか（例えば、組織・集団の分離と統合のあり方）、②個人、

集団、組織が、経営活動（協働）にどのように影響を与えているかを経営現象
と社会関係現象を通して研究することである。

　集団や組織の当事者および関係者間で常に変化している社会関係や相互関
係をどのように理解するかについては、ヴィーゼ（Wiese, Leopold von）の
関係学は示唆的である。ヴィーゼは、人と人との関係について、その関係性
を結合から分離、集成、分化、破壊過程等諸局面を変遷する動的な側面を社会
過程として捉え、また、その断面としての静的な側面を社会形象として把握し
た。そして、これらの累積的、統一的な現象を、社会過程、社会関係、社会形
象として体系的に説明している。

　社会関係の具体的特徴は個々の具体的関係において異なるが、ヴェーバー,
M. は、社会関係について、闘争関係、敵対関係、恋愛関係、友人関係、信頼
関係、市場における交換、協定の成立・破綻・破棄、経済や恋愛等の競争等[5]
を挙げている。すなわち、集団における成員の相互関係により生じるこれらの
実際の現象は具体化された社会関係でもある。

　ヴィーゼは、人の織りなす具体的現象（関係）を体系的に一般化し、社会
過程における親和的社会過程を「結合」としてカテゴリー化している。「結合」
のカテゴリーには、接近、適応、同化が属する。一方、反目する社会過程は
「分離」としてカテゴリー化し、そこには、競争、対立、紛争、闘争が属する。

　「結合」と「分離」のこの基本的な分類は、機能集団・組織の成員間の関係
にも同様に適応できる。すなわち、機能集団の社会関係においても、その変化
のプロセス（過程）と結果は、ヴィーゼが指摘したように、具体的な個々の現
象（結合状態から分離し、そして新たに結合、そして分離）として表出し、機
能集団・組織の具体的な活動として実践されるのである。

　機能集団・組織の活動をどのレベルで把握するかにより、現象の特徴は異な
るが、機能組織の活動の基礎は、職場レベルでの成員相互の関係を基礎として
おり、職場における人と人の関係が社会的、経済的、文化的背景の違いおよび
集団の特性の違いに影響を受けるとともに影響を与え、また、個々の成員と集
団が相互に影響しあいながら職場集団の特徴を形成するのである。

第3節　組織集団活動と社会関係

1.　組織集団の類型

　人は集団を形成し社会で活動するが、集団の特徴・カテゴリーの研究はこれまでにもなされてきた。ギディングス（Giddings, F. H.）は、生成社会と組成社会に分類し、生成社会は血縁や地縁等意図的でない集団で、組成社会は意図的に目的をもって形成された集団であるとし、マッキーバー（MacIver, R. M.）は、意図的でなく相互に協力しあう集まりとしての集団（コミュニティ：共同体）と共通の目的や関心をもって形成された集団（アソシエーション：機能組織体）に分類した。一方、テンニエス（Tönnies, F.）は、成員間の結びつきに着目し、自生的な相互関係の集団であるゲマインシャフトと利益を目的とした関係の集団であるゲゼルシャフトに分類し、クーリー（Cooley, Charles Horton）は、集団内の相互関係から、特定の目的を有せず直接的、包括的な関係を持つ第1次集団とそれに対し部分的領域で目的的な関係による結びつきの第2次集団に分類した。

　これら4つの組織・集団の類型に関する学説は、共通してそれぞれの分類において、組織・集団の性質を大きく2つのカテゴリーに分類して説明をしている。また、テンニエスとクーリーの分類とギディングスとマッキーバーの分類を比較すると、後者は成員間の結びつきの特性に着目して分類している点に留意する必要がある。

　実際の集団においては、どの集団もこの2つの性質（共同体的性質と機能組織体的性質）を程度は違っても有してはいることが多い。そして、結果としては何れかの性質かが一般的に中心となり、それぞれの集団を形成している。

　各々の集団・組織の社会関係や特徴による分類は既述のとおりであるが、個々の集団・組織の特徴や成員の関係は、どのように形成されるのであろうか。次項では、それらの点について論じる。

2.　組織集団の構造／形成プロセスとバーナード

　組織および集団は、成員の協働を通して環境や状況の変化に対応しながら活動を続けている。組織および集団への考察は多様であるが、例えば、組織を社会的創造物と考えたバーナードは、組織・集団活動を三層構造理論として、「協働」、「組織」、「管理」により説明する（図5-2）。組織・集団の活動は集団を構成する成員の協働によって推進されるが、全人仮説に立つバーナードは、人と集団の行動が経済人仮説に基づく数値的合理性のみによってなされるとは考えてはいない。同様に、社会人仮説に基づいて社会的欲求のみにより人と集団が活動するとも考えてはいない。彼は、協働体系において人と人との協力による活動（協働）を組織集団の基本と考えその実践における人の意思の調整・統合の場とその基礎にある人間的規範・道徳の領域である管理を、ある種、生物学的アプローチを底流に統合的に説明した。特に、組織の協働に必要な要素として、コミュニケーション（communication）、集団活動への貢献意思（willingness to cooperate contribution）、共通目的（common purpose）、を挙げている[6]。一般的な社会関係理論ではなく、協働の実践においてこれら3要素を中心に社会関係がどのように形成されるかがここでは重要である。

　そして、組織は人の意識や行為の交錯する場であるとしており、組織図的なメカニズムとは考えていない点が重要である。組織は協働を実践するための意

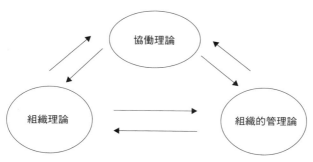

図 5-2　三層構造理論の概念図
資料：筆者作成

識の交錯する場としての位置づけにある。また、管理は成員の意識の統合等を行う位置づけで、その要にあるのは人間の道徳であるとしている。加えて、組織の捉え方をその性質で分類し、1つは、職務や職責等による「公式組織」のカテゴリーであり、他の1つは、組織の成員相互のインフォーマルな関係による結びつきである「非公式組織」により成り立っているカテゴリーと考える。

　一方、社会心理の視点から青井和夫は、ホマンズ（Homans, George Casper）の考えを基に、組織・集団の形成プロセスを成員相互の関係、集団の構造、集団の業績そして集団の文化によって説明している[7]（図5-3）。つまり、成員相互の関係（相互作用）により形成される組織・集団は、成員個々の特徴を越えた組織・集団固有の特徴を形成するが、それは無秩序に形成されるのではなく、組織・集団の普遍的な構造、すなわち、コミュニケーション構造、地位・役割構造そして感情・情緒構造を通して形成されるとする。組織・集団のこの形成メカニズムは、常に実践され、結果として、組織・集団の特徴そして文化を形成するのである。

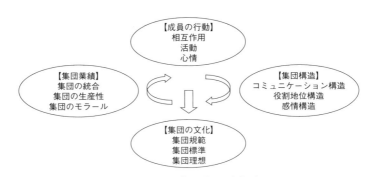

図5-3　成員の組織・集団形成プロセス

資料：『集団・組織・リーダーシップ』を参考に筆者作成

3.　組織／集団のメカニズム

　集団・組織は、その成員により成り立ち、社会は、個人および集団・組織から構成されている。そして多くの場合、個人は集団・組織を媒介（中間項）として社会と関係を持つ。

　特に、機能組織は、一般的に、より効率的効果的な活動を実践するため、組織・集団の活動プロセスを支える制度・メカニズムを持つ。すなわち、機能組織・集団は、コミュニケーションメカニズム、地位・役割メカニズム、規範メカニズムそして報酬メカニズムを持つ。これらのメカニズムを通して成員相互の社会関係は形成される。ここではそれら各メカニズムについて論じる。

（1）　コミュニケーションメカニズム

　バーナードの人間観は、全人仮説[8]に立ち、単に経済的視点や社会的視点のみに立脚して人間行動と組織を論じてはいない。この意味において、人間行動、組織行動に関し、より人間的視点に立脚して組織を論じていると言える。経済的、機械的視点にのみに立って実際の人間行動が説明できないのと同様に、人間は狭義の社会的視点に基づいてのみ行動するのでもない。両者の視点に立脚した分析による人間行動、組織行動への理解が全人仮説の基礎にある。

　また、バーナードは、集団化、組織化された機能組織活動において、基本となる3要素にコミュニケーション、協働しようとする意思そして共通目標を挙げるとともに、三層構造理論として、①組織・集団の活動を成員の協働（協働理論）、②個々の意識と行為が組織で交錯（組織理論）、③組織集団活動の統合・コントロールを管理（組織的管理論）として捉えて説明をしている（図5-2）。

　組織の3要素の1つであるコミュニケーションにより、集団の成員の意思が相互交換され社会関係が形成されるとともに組織機能が遂行される。コミュニケーション過程のあり様が組織集団の特徴を形成するが、バーナードのアプローチの特徴は、合理的側面と情緒的側面が合わさった全人仮説に立ってコミュニケーションを質的に捉えて組織集団活動を説明するところにある。

　一方、コミュニケーションの形態やパターンから集団／組織のコミュニケー

ションを説明するアプローチがある。その特徴はコミュニケーションを最終的にパターン化して説明する点で、コミュニケーション時のデータフローのパターンおよび形式を明らかにするアプローチである。留意すべき点は、パターン化、形式化とはいっても、実際のコミュニケーション時の役割関係等当事者の位置づけが反映されるため、コミュニケーションの各パターンにおいて、社会関係の傾向が反映され特徴を生じさせる点である。

　例えば、リービット（Leavitt, Harold J.）は、コミュニケーションを4パターン（「車輪型」「円型」「鎖型」「Y型」）に集約している。これら4パターンの1つの車輪型は、要の位置にある成員（中心にいる成員）による組織で、その成員による集団への影響は強い。活動内容によっては、効率性は高いが成員相互のコミュニケーションが取りにくく、成員の満足度が低くなる特徴がある。また、円形型では、成員の対等性が形成され、各人の意見は組織／集団に反映されやすく民主的であるが、効率性は必ずしも高くない特徴がある。留意すべき点は、コミュニケーションのパターンが組織のあり方に深く関わっている点である。

　また、リッカート（Likert, Rensis）は、組織と組織をつなぐ位置づけに着目した。例えば、上位集団と下位集団に共通して所属する成員が連結ピン（linking pin）として所属している複数の集団に影響を与えることを指摘するとともに、リーダーシップに関わる組織の管理システムを類型化して業績のあり方を4つのカテゴリー（システム1から4）に分類（表5-2）して説明している。そして、各組織カテゴリーの特徴を、リーダーシップ、意思決定、組織目標設定、動機付け、欲求内容、統制、信頼関係、およびインフォーマルのあ

表5-2　管理システム4類型とコミュニケーション

類　型	指揮命令関係の特徴	コミュニケーションの特徴
システム1	独善的専制型システム	一方向的、命令的コミュニケーション
システム2	温情的専制型システム	一方向的、親和的
システム3	上下対話型システム	上下双方向的
システム4	集団参画型システム	双方向的ボトムアップ的

資料：リッカートのシステム4理論を基に筆者作成

り方から明らかにした点に特徴がある。

　一方、グラノヴェッター（Granovetter, Mark）は、コミュニケーションをパターン（結びつきパターンの構造）として捉えるのではなく、結びつきの状態に着目して、個々の結びつきの状態により、獲得される情報とその内容が異なることを指摘した。いわゆる「弱い紐帯の強み」[9] として、結びつきの弱さが新規性や発展性に有利であること指摘している。すなわち、コミュニケーションメカニズムとして、結びつき方のパターンと内容がコミュニケーションのあり方に強く関係し、さらにその結果に影響を与えるのである。

　コミュニケーションパターンに加えて結びつきの質的内容（どのように関係しあっているか）が、コミュニケーションの性質と成果・結果を規定するのである。例えば、集団活動は対立の克服調整のプロセスの連続であるが、その対立の調整の結果は、コミュニケーションのあり方により影響されるため、対立の状況に応じて、ラウンドテーブルを利用して話し合いをしたりコーカス（別室調停）を選択して話し合いをしたりするのも一例である。コミュニケーションのあり方は、その集団の成員間の関係の特徴となって表れる。

　また、リッカートのシステム4理論で言えば、システム4（集団参加型）により、より効率的な調整が可能である[10] とされるが、まさにコミュニケーションパターンに加えて結びつきの質的内容が重要なのである。

　これら3つのアプローチ（リービット、リッカート、グラノヴェッター）は、バーナードの3層構造理論における全人仮設に立った統合的アプローチとは異なりネットワークの状態からアプローチするものであるが、人間的社会的諸影響がコミュニケーションと組織集団の特徴に影響を与える点では共通している。

　また、バーナードにおいてもリービット、リッカート、グラノヴェッターにおいても、実際の組織集団活動においては、指揮命令関係のあり方がコミュニケーションのあり方に強く影響を与える点で共通している。いずれのアプローチをとるにせよ、担当職務や業務の遂行を効果的効率的に組織集団活動として行うために、指揮命令は、状況に応じてコミュニケーションのあり方を変更しながら実践されることになる。すなわち、状況に応じた指揮命令のあり方は、コミュニケーションのあり方に影響を与えるとともに、コミュニケーションの

あり方も指揮命令のあり方に影響を与えている。

　ここで論じたバーナード、リービット、リッカート、グラノヴェッターを通して示唆的な点は、組織におけるコミュニケーションメカニズムやコミュニケーションパターン、そしてリーダーシップのあり方を含む指揮命令関係のあり方が、組織集団の成員の関係と活動に影響を与える点である。また、組織の具体的作業や実施内容、メンバーの特性、組織・集団の状況（例えば、公式的組織関係か非公式的組織関係かも含む）、経済環境、技術の状況等の影響の下にコミュニケーションやリーダーシップが発揮され、組織集団の特徴を形成する点である。

（2）　地位・役割メカニズム
1）　役職・地位の役割期待

　役割期待は一般的にその人の職業等から期待されるところの社会おける通常予想される行いや振る舞いをいう。その役割期待を個々の組織集団において考えると、その特徴は成員間の相互作用により形成されるが、その相互作用により形成される関係の領域に役割期待に関する領域がある。つまり、役職者に対しての成員の行為期待および役職や地位の役割期待を通して、機能集団での社会関係が形成され、最終的には1つの統合された社会システムとしての社会集団が機能するのである。

　ダーレンドルフは、経営は、統合された社会システムであるとするが、彼は、経営を特定の行為期待をもつ諸職位からなる1つのシステムであると考える[11]。経営を社会システムでなく機械的システムであると考えれば、経営は物理的連鎖で構成される1つのシステムと考えられるが、経営を社会システムであると考える場合は、社会的な要素を中心とした社会的連鎖で構成される社会的統合システムである。そして社会的統合システムとして組織集団が形成され活動することになる。すなわち、関係当事者に認識された個々の社会的役割を中心に、成員の行為が相互関係しながら連鎖し組織活動が具体化されることになるのである。

　その際の連結（リーダーシップの実践）は、組織集団を構成する成員相互に

より形成されている社会的役割でそれをベースに、さらに相互関係により組織活動が実践され社会的役割が変化形成されるのである。換言すれば、組織集団活動は、個々の役割期待が、経営における集団と成員との連結となり、経営の社会構造を軸に経営システムとして実践されるのである。

2）指揮命令（役職・地位の実践）

組織集団は、多様な社会集団により構成され、また社会的要因に大きく影響を受けるため、その目的を効率的に達成するためには、社会的要因において統合が求められることをダーレンドルフは指摘している（表5-1）。

すなわち、社会的統合により、成員の意識と行動を同じベクトルに向かわせるプロセス [12]（全体を効果的効率的に連携・機能させるプロセス）を通して協働が実践される。そのプロセスにおける統合の実践では、役職・地位に基づく権限と責任の具体的執行として指揮命令がなされ、協働のあり方に方向性が与えられるが、その一方では、指揮命令の実践の積み重ねにより、行為期待および役割期待が形成される。

また、その実践における取り組み方（指揮命令のあり方）は重要で、指揮命令を受ける者の意識に大きく影響を与え、集団のモラールや個人へのインセンティブを左右する。例えば、フォレットの命令の非人格化 [13] は、指示命令をする者とされる者の間に生じる意識の葛藤を和らげる必要性を指摘している。すなわち、命令者の人格的特徴が原因となる命令者に対する反感を伴う感情を払拭する必要がある場合（指揮命令者の人格的特徴の影響から離脱するには）、間接的指示の重用性を指摘している。つまり、具体的行動の直接的指示（命令）ではなく、指示（命令）の背景・状況の説明によるコミュニケーションの重要性を指摘している。人格的服従を意識させるのではなく、むしろ、指示（命令）の背景、すなわち、その指示が合理的であることの状況について、命令を受ける側が理解できるように、命令をする側が説明することにより（コミュニケーションを常時とることにより）、フォロワーの葛藤のない主体的合理的行動が期待できるとする [14]。

一方、ヴェーバー，M．の言うところの「カリスマ」的指揮命令の場合には、命令者（支配）の人格的影響の効果を期待してなされており、指揮命令を

受ける者は、そのカリスマ的人格に命令に従う妥当性を持つのである。この場合は、命令者の人格的特徴がプラスに働くことで、命令を受ける者は自主的に対処すべき状況に合理的に取り組むことができるのである。

　重要な点は、命令を受けたとき、あるいは状況を認識したとき、自主的行動につながるか否かがポイントで、フォレットの指摘は、問題解決への合理的対処は、本人の一連の自主的対応であって、そのために一般的に有効なのは、状況の説明であるとしているのである。留意しなければならないのは、指揮命令を受ける側の認識と意識が、集団のモラールや個人へのインセンティブを通して集団の成果・生産性に表れる点である。

　自主的な問題への取り組みの効果的な一般的取り組みは、（対立する要因として指揮命令者の人格的影響が負に働く場合はもとより、フォロワーの自主的対応の促進のため）、指揮命令内容が必要な状況を客観的にフォロワーに理解させることが効果的であることをフォレットの状況の法則は示唆している。

（3）　規範メカニズム

　組織・集団は、規範により全体秩序が維持されるが、規範の根底には組織・集団の価値観や価値体系が存在する。一般的に集団の規範は、人為的規範（法規範や就業規則等）と自然発生的規範の2つの規範により成り立っており、この2つの規範によって、組織・集団の規範の特徴を形成する（図5-4）。

　人為的規範は、文書でルール化されている（成文法等）か、そうではない

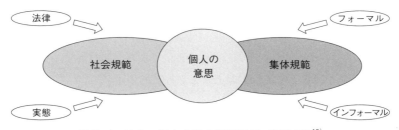

図5-4　社会・個人企業の相互関係（概念図）[15]

資料：筆者作成

ルール（不文法等）に分かれ、内容的には文書で書かれているか否かに関わりなく普遍的ルールから普遍的か否かを問わないルールまで多様である。自然発生的規範は、インフォーマルな規範であるが、集団の自然発生的形成および集団内の自然発生的ルールの形成等、人為的でない規範形成である。両者の境はオーバーラップしている。

　組織・集団の成員は、組織集団の価値観や価値体系である規範に基づき、あるべき行為、事の善悪、行動を判断する。一方、組織・集団は規範の維持・実現のために強制手段を持つ。組織集団の規模が、国家や自治体等社会の規範であれば、法規範や社会規範として認識されその社会に影響を与えるし、社会の構成集団である企業や職場グループの規範であれば、就業規則や職場の行動規範等のルールとして影響を与える。

　組織・集団の成員は、個々に命令されなければなにも行動できないのではなく、一般的なことについては、その集団の規範に基づき行動をする。そして、そうした具体的行動の積み重ねにより組織集団の文化としての特徴を形成する（図5-5）。

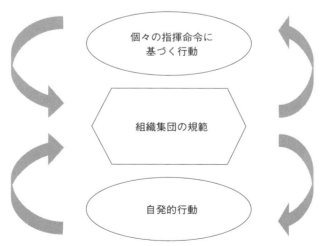

図 5-5　組織集団の規範と行動の相互関係性（概念図）
資料：筆者作成

成員の行動は、個々の命令に基づく行動と社会規範やその組織集団の規範に基づく行動により成り立っており、一般的に個々の命令もその組織集団の規範や社会規範と整合性がある。

昨今問題となる企業不祥事における個人と集団規範や社会規範との関係で考えると、そこには両者間に相克の関係、対立関係が存在している。例えば、品質データが改ざん問題、を例に挙げると、A マテリアル子会社の一連の品質不正事件（2018.2.）や B 製鋼所のアルミ・銅製品の品質データ改ざん事件（2017.10.）等、この種の不正は後を絶たない。この理由の 1 つは、文書で社内ルールが存在し個人が不正であると認識しても、職場集団では不正と認識しないでよいとする暗黙的規範があるからである。この状況は、社会的規範よりその個人が属している集団の規範が結果として優先している状態である。

一般的に、組織集団の規範（図 5-4）は、社員個人の行動に影響を与えるが、さらに個々の命令等の積み重ねが規範を生成あるいは変化させているといえる。実際の組織集団活動において、規範はその活動の基礎であり、その集団の価値体系となって表れる。その価値体系は、時間の経過とともに無意識に形成された成員間の社会関係と意識的に形成された価値体系が相互に関係しあって具体化している。

第 4 節　指揮命令の根拠

目的を持って活動する組織・集団には、支配 — 従属関係、指揮 — 命令関係が存在し、指示を受ける者・従属者がその指示命令に従う時、指示を受ける者・従属者はその命令に従い妥当とする根拠（正当性根拠）の下に従う。その根拠について、ヴェーバー，M. は、支配の 3 類型 [16] として類型化した。すなわち、「合法的支配」「カリスマ的支配」「伝統的支配」である。合法的支配は、官僚制組織における支配 — 従属関係、指揮 — 命令関係にみられるように、制定された諸秩序に従って統制される関係で、そのルールは合理的な考えに基づくものである。カリスマ的支配は、特定の個人に対する帰依で、従う者は、リーダー個人の持つ何らかの超越的威信を認め、受け入れることにより指示命

令を受容する。このカリスマ的支配 ─ 従属関係は、合理的に説明されない自発的情緒的従属である点に特徴がある。伝統的支配は、過去からの慣習、継続性を根拠とする支配 ─ 従属関係で、旧秩序を尊重する保守的な性質を持つ（図4-2）。

　組織・集団の目的を達成させるためには、個人が集まって組成されている集団をその目的達成に向けて統率し活動をすることにおいて、支配 ─ 従属関係、指揮 ─ 命令関係が必要であり、その構造をヴェーバー，M. は前述の支配の3類型として分類したが、バーナードは、権限受容説で、支配 ─ 従属関係、指揮 ─ 命令関係において、命令を受ける側にその命令に従うか否かの判断がなされ妥当性が了解されることにより支配 ─ 従属関係、指揮 ─ 命令関係が成立する点を指摘した。命令の妥当性を了解するには、具体的指揮命令の内容に納得性があること、組織目的と矛盾しないこと、本人の利害と両立すること、精神的も物理的にも実施可能であること、をその要件[17]としている。指揮命令の根拠を「類型化」して論じるアプローチに対して命令受任側の権利としてその「要件」を論じるアプローチがある点が重要である。

　他に伝統的経営理論では組織集団自体に権限があるとする組織所有権説や、組織、集団の上位者に命令する権限があるとする上位権限説、そして、法により決められているとする法定説がある。しかし、これらの考え方には、当事者の認識を主たる対象として検討することはない。

　一方、フォレットは、権限職能説を唱え、組織行動の実践における個々の職務遂行において、権限と責任は表裏一体で、権限は仕事遂行そのものから導き出されるとし、加えて、フォレットは、前述の状況の法則[18]（law of the situation）で、命令は、一般的には命令をする人の個人の人格的な特徴の下に実践されるよりは、その指示命令が求められる状況から本人が自主的に理解したうえで実践[19]されることが重要であるとしている。

　組織の成員はかならず何らかの職務を担いその職務を遂行しているが、その職務は単独で存在するのではなく、組織集団の中で関係性をもって実践される。いずれの説においても、職務と職務との連結は指揮命令関係により効果的効率的に統合的に実践されるため、その指揮命令の実践では、組織構成員の納

得性、妥当性認識が基本的事項として重要であるが、フォレットの状況の法則
の基礎にも組織構成員の納得性、妥当性認識が基本事項としてある。

注

1)　Weber, M., 1966, *Soziologische Grundbegriffe*, 2., durchgeschene, Auflage, J. C. B. Mohr（Paul Siebeck）Tübingen, S.42.（清水幾太郎 訳、2005、「第3節社会的関係」、「第15節 経営、経営団体、任意団体、強制団体」『社会学の根本概念』岩波書店、85-86頁。

2)　Dahrendorf, Ralf, 1959, *Sozialstruktur des Betriebs-Betriebssoziologie*. Betriebswirtschaftlicher Verlag, S.15-16.（石坂巌、鈴木秀一、池内秀己訳、1985、『経営社会学』三嶺書房、21-23頁。

3)　Dahrendorf, R., a.a.O., S.16. 邦訳、23-25頁。

4)　Urwick, L. F., 1957, *Leadership in the Twentieth Century*, Sir Isaac Pitman & Sons, LTD., p7.

5)　Weber, M., 1966, *Soziologische Grundbegriffe*., 2, durchgeschene Auflage, J. C. B. Mohr （Paul Siebeck）Tübingen, S22.（清水幾太郎 訳、2005、「第3節社会的関係」『社会学の根本概念』岩波書店、42頁。）

6)　Barnard, C. I. 1938, *The Functions of the Executive*, Harverd University Press, p82.

7)　青井和夫／綿貫譲治／大橋幸、1973、『集団・組織・リーダーシップ』培風館、84頁。

8)　バーナードは人間観として、それまでの経済人仮説ではなく、合理的要素だけでなく社会的要素、人間的要素そして特に動機を持って行動する人格的要素を持った存在としての人間観を示した。

9)　Granovetter, M., *Society and Economy: Framework and Principles*, The Belknap Press of Harvard University Press, p16.

10)　Likert R., Likert J.G., 1976, *New Ways of Managing Conflict*, McGraw-Hill Book Company, p.209.

11)　Dahrendorf, Ralf, 1959, *Sozialstruktur des Betriebs-Betriebssoziologie*. Betriebswirtschaftlicher Verlag, S.16.（石坂巌、鈴木秀一、池内秀己訳、1985、『経営社会学』三嶺書房、24頁。

12)　モラールは統合における集団の意識の状態を表している。

13)　Follett, M. P.（Metcalf, H. C. and Urwick, L., ed.）, 1940, *Dynamic Administration: The collected papers of Mary Parker Follett*. Harper & Brothers Publishers, p.30.

14)　Follett, M. P., 1930, *Creative Experience*, Longmans, Green and Co., p.60.

15)　野瀬正治、2012、『変化する労働社会関係と統合プロセス――社会化する企業・NPO・ソーシャルキャピタル・情報技術』晃洋書房、 12頁。

16)　Max Weber, *Wirtschaft und Gesellschaft*, Grundriss der verstehenden Soziologie, vierte, neu herausgegebene Auflage, besorgt von Johannes Winckelmann, 1956, Kapitel Ⅸ, Soziolgie del Herrschaft, 1-4. Abschnitt(S.541-632).(= 1974、世良晃志郎訳『支配の社会学Ⅰ』創文社。)

17)　Barnard, C. I., 1938, *The Functions of the Executive*, Harverd University Press, p.165.

18)　Follett, Mary Parker. (Metcalf, H. C. and Urwick, L. ed.), 1940, *Dynamic Administration: The collected papers of Mary Parker Follett*, Harper & Brothers Publishers, pp.58-59.

19)　Follett, M. P., (Urwick, L. ed.), 1949, *Freedom & Co-ordination: Lectures in Business Organization*, Management Publications Trust Ltd, p.56.

第 6 章

日本的経営と社会関係

　経営における社会学的特徴は、組織集団の成員たる人間の成員間の相互関係により形成される社会関係の総体である経営現象・社会現象として現出する。日本的経営の特徴もそこから派生する。ここでは国際的に指摘のあった日本的経営の特徴について社会関係の現象として論じる。

第 1 節　社会関係と生産性

　アベグレン（Abegglen, James Christian）は、その著『日本の経営』（*The Japanese Factory*）[1] の 1954 年の初版で、日本企業の特徴として、終身雇用制と年功制を指摘するとともに当時の日本企業の生産性の低さが、非合理的な日本的雇用慣行（終身雇用制と年功制等）にあると指摘した。

　しかし、その後 1974 年に改訂版（*Management and Worker*）[2] を出版し、そこにおいて、初版とは逆の結論、すなわち、日本においては日本的雇用慣行が日本の高い生産性に貢献しているとした。戦後の復興や日本企業の発展は、国際的にも高く評価されたが、アベグレンは、その理由の 1 つを日本企業の雇用慣行に求めたのである。改訂版（*Management and Worker*）での構成は、第 II 部を「The Japanese Factory, 1956」として、初版では第 7 節にあった「Productivity in the Japanese Factory」を削除し、初版の結論である第 8 節「Continuity and change in Japanese Industry」においてその最後に、日本の工場における職場の社会関係が日本の工場の生産に貢献している旨の追加をして、社会関係の重要性を指摘している [3]。改訂版が初版に加えて対象にし

た 1970 年代においては日本的経営の職場の社会関係が当時の生産システムに適合していたことを示したのである。このことは、当時の、日本の工場における日本的社会関係が高い生産性に貢献しているという、ある意味、発見はそれとして重要である。しかし、その特徴ある社会関係がどのように生産性に関わるかは、実際の製品・商品、サービス、技術や実際の仕事そして環境等が関係している点を忘れてはならない。ポスト工業化社会の今、日本的社会関係が生産に高適合するかは別の問題であることは経験的にも理解できる。社会関係のあり方が生産様式との関係でその業績・成果に影響を与えることに留意する必要がある。

　戦後の荒廃した国内状況を鑑みれば初版の指摘（日本的経営は非合理的）は社会関係というより当時の国内の物質的環境の悪さが生産性に大きく影響した結果であった。すなわち、戦後復興期のインフラの悪さが生産活動に影響していた当時の企業の生産性データが基礎になって初版の結果が導かれた。しかし、改訂版（*Management and Worker*）では、社会インフラが安定する中、1960 年代から 70 年代の日本の状況（高度経済成長下の高い生産性）を対象に日本的経営（日本的社会関係）を高く評価することとなった。すなわち、改訂版においては、日本的経営、特に終身雇用制と年功制等雇用慣行（初版では非合理的とされた特徴）に変化がない中、日本が高い生産性を発揮している理由として、日本的経営、日本的雇用慣行を高生産性の根拠とした。なお、改訂版のタイトル、*Management and Worker* は、人間関係論のホーソン工場の実験（Hawthorne experiments：1927 年 –1932 年）に関するメイヨー、レスリスバーガー（Roethlisberger, Fritz Jules）らの *Management and the Worker* を思い出させる。

　ホーソン工場の実験[4] がシカゴのウェスタン・エレクトリック社の工場の職場での社会関係を対象にインフォーマルグループの発見に至ったが、それに対してアベグレンは、日本の工場の職場を対象にその社会関係の特徴として、日本的雇用関係を指摘したともいえる。

　協働体のあり方（日本的経営では日本的雇用慣行、ホーソン工場の実験ではインフォーマル集団の活動）が生産性に強く影響を与える点に留意すべきで、

換言すれば協働体は組織集団の属する社会規範や集団規範に強く影響されて活動している点が重要である。また、協働体のあり方に変化がなくとも、生産のあり方や製品の内容により、生産性は大きく影響を受ける点にも留意する必要がある。日本について具体的に言えば、日本的経営における日本的雇用慣行をベースにした協働体による活動が、当時の均一的商品の効率的な大量生産と高く適合し、高い収率に結び付いたことに留意しなければならない（しかし、前提が大きく変化した情報化社会の現在、日本的経営、日本的雇用慣行を時代の変化にいかに変化させるかが喫緊の課題[5]となっている点にも留意する必要がある）。

第2節　日本の職場の社会関係

　戦後復興の当時の状況について、「東洋の奇跡」といった表現は象徴的であるが、確かに、OECDも注目するところとなり、1970年末には第1回調査団が来日し、引き続き1975年[6]にも第2回調査団が日本を訪れている。第1回調査団[7]は日本的経営の特徴として、欧州では企業の垣根を越えて連帯される職種別労働組合が一般的であるが日本では企業内労働組合が一般的であることを指摘するとともに年功賃金と終身雇用を指摘[8]した。

　また、第2回調査団[9]は、日本企業の職場が欧米の職場と違って、コミュニティ（共同体）としての特徴を持つ点および社員間において年齢階層間で互酬関係[10]がある点を指摘した。さらに、日本的経営における意思決定の特徴として、トップダウン的というよりボトムアップ的意思決定が中心で稟議的意思決定に象徴されるように集団的合意による意思決定に特徴があることを指摘した。

　これらの指摘は、日本の経営組織・集団を構成している成員相互の関係において、その関係が欧米の社会関係と本質的に異なっていることを示唆している。成員相互の関係において欧米との違いに関して、共通に指摘されているのは、日本の組織集団が、個人指向というより集団指向である点である。また、加えて留意しなければならない点は、企業・職場がなぜそのような特徴を持つに

至ったかで、この点については諸説があり次節で述べる。

第3節　日本的経営の源泉

　日本的経営については、欧米の研究者アベグレンやソロモン（Solomon, B. Levine）、ボーゲル（Vogel, Ezra Feivel）らにより興味深く論じられるとともに、国内でも津田眞澂、間宏、岩田龍子等によっても論じられてきた古くて新しいテーマである。

　本節では、日本的経営の源流について論じるとともに日本企業、職場における日本的な社会関係のあり方が日本の組織と集団の組織編制と成員の活動に強く影響を与えていることを論じる。すなわち、職場の成員間の心的結びつきが日本的経営の基礎として具現化している点について以下で述べるとおり5つの視点がある。

1.　共同生活体説

　一般的に機能組織は、合目的的、合理的な組織活動を行い、日本的経営における組織活動も基本的には同様であるが、人間集団が協働して活動するにあたって、人間集団であるが故に心理的影響が強く反映される点に留意しなければならない。すなわち、日本企業の組織・集団では職場の人と人との関係について、集団的心性が強いため共同体的な関係が欧米と比較して特徴的である。日本の組織・集団の成員間の関係は、単に、機能的な関係のみに終始して、あまり人間的関係に影響されないのであれば、職場の社会関係のあり方をさほど考慮する必要はない。しかし、既述のとおり、日本企業の職場の社会関係のあり方は、集団志向の強い特徴をもって多方面に現れる。例えば、長時間労働の原因としてのサービス残業は職場集団における日本的集団性の現れの1つである（自分の仕事が完了しているのにもかかわらず職場の人の目を気にして自分だけ先に退社することを避けたり、時間外に正当な必要業務を遂行したりしても同僚との残業時間数のバランスや会社・上司への遠慮から時間外労働の対価

（残業手当）を申告しなかったり等、労務提供に対するその対価という合理的
判断から行動するというより同調行動や集団を優先する行動を選択する。）

　尾高邦雄は、日本の職場の特徴を、「生活共同体」「運命共同体」的性格を有
する集団であることをすでに指摘している [11] が、重要な点は、成員間の結び
つきのあり方が、日本の職場では機能的合理的な結びつきというより「生活共
同体」としての結びつきにより形成されている点である。そしてこの特徴が日
本的経営の基礎としての職場集団の特徴を形成している。

　同様な指摘として、津田眞澄は「共同生活体」として論じている [12]。日本
的経営の特徴の形成は、まさにこうした成員間の結びつきのあり方によるので
あるが、津田眞澄は、中世および近世のヨーロッパの都市と日本の同時期を比
較して、都市共同体論において、中世および近世のヨーロッパの都市では「共
同生活体」の形成が進んだが、日本では武士が都市（城下町）を管理したた
め、ヨーロッパ都市のような「共同生活体」の形成が進まなかった点（歴史的
経緯）を指摘している。さらに、中世ヨーロッパ都市での共同生活体の形成が
進まなかった日本の行政都市（城下町）では近代になって、その欠落を補うか
のように、企業の職場がヨーロッパの都市における共同生活体の人と人との関
係を担ったと指摘した。

　すなわち、ヨーロッパ地域社会では共同体としての成員間の関係が築かれた

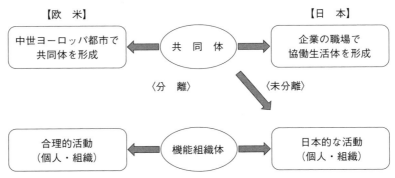

図 6-1　欧米と日本との比較（概念図）
資料：津田真澄、1981、『現代経営と共同生活体』を基に筆者作成

うえで、その成員は各職場に属して合理的な関係が形成されたが、日本では共同体的な地域社会が形成されず、近代社会での成員間の共同体的な結びつきが職場において形成されたとした。津田眞澂の指摘は、日本の職場が、単に機能的合理的関係により形成されているのではなく、共同生活体として成立している点を指摘した（図6-1）。

　また、人間は社会的欲求の充足をしながら生活をしているが、いかなる集団で社会的欲求を充足させるかは社会での社会集団の状況により異なる。クーリーの集団の分類で説明をすれば、社会的欲求を第1次集団で充足できれば第2次集団においてそのような欲求充足を求めないが、第1次集団で社会的欲求が充足できないのであれば第2次集団でそうした欲求充足を求めることになる。地域社会で共同生活体を形成できなかった日本では、職場が第1次集団の役割を一部担っている。欧米では産業社会が形成される前から地域で共同体を形成しそこに所属しているため、産業資本の論理の下で発達した企業の職場では、職場の社会関係が経済論理の下で機能し、第1集団としての生活共同体である必要がなかった。職場における人間関係の基本的な位置づけが日本と欧米では異なっており、日本の職場では第1集団的関係であるのに対して、欧米では第2次集団的関係にあるといえ、日本的経営における職場集団の特徴の違いもそこから発生するのである。

2. イ　エ　説

　日本的経営の基礎となる職場の人間的結びつきのあり方についての研究に、間宏のイエ説がある。これは、江戸時代の商家における職場、例えば三井家三井高利（呉服問屋「越後屋」）では、商いの組織体を、狭義の血縁による家族ではなくてもあたかも1つの家（イエ）のように編成して組織活動を行ったとしている。そして、その特徴は、血縁関係の無い成員を今日的な単なる労働者としてではなくあたかも1つの家（イエ）という組織体の成員として運営を行った点である。

　具体的には、三井高利は、総領家の下に直系男子の本家群（6家）と直系女

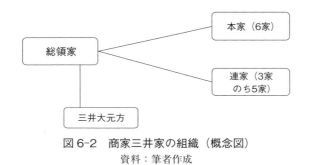

図 6-2 商家三井家の組織（概念図）
資料：筆者作成

子の連家群（当初、3家のち5家）による共有経営体制による経営の基盤を創
設し、さらに、三井大元方と称して家と事業の分離による経営の基礎も築い
た。まさに日本的経営の出発点を見ることができる（図6-2）。

　また、組織集団における成員間の具体的特徴として、年功的、身分的、終身
的、生活保証的な組織集団の特徴がみられ、商売をする機能組織・機能集団で
はあっても第1次集団のような特徴を持つ集団として、組織編成されて活動が
なされた。この機能組織・集団と成員との関係は、今日の営利企業の職場に継
承され、日本的経営の特徴の源流となっているとする。

3. ム ラ 説

　岩田龍子[13]は、ムラ説を唱えた。これは、日本的職場の特徴を日本の村に
おける村人の結びつきの意識特性に求めるもので、具体的には、近代社会の都
市における企業組織を支えた人たちは地方のムラから供給された人たちで、そ
の人たちの意識が近代社会の企業の職場の社会関係の基礎となっているとする
ものである。すなわち、ムラで形成された意識である定着指向、変化を好まな
い安定性志向、身分関係の永続性志向等があげられ、日本の近代化過程におい
て、ムラ意識の特性が職場の意識に反映されて日本的経営の職場の特性を形成
しているとする。

　成員の意識のあり方がその集団の特徴を形成するが、日本的経営の組織・集
団の特徴も同様で成員のムラ意識の特徴が職場の特徴の形成に強く影響してい

る。このアプローチは、日本の村の集団特性とその成員の意識との関係から日本的組織集団の編成原理を説明するもので、近代社会の職場の特性は、ムラの性質を受け継いだとする。

4.　アベグレンと OECD の指摘

　既述の通りアベグレンは、戦後の復興期の状況をベースに、1958 年出版の著書『日本の経営』で、日本企業における従業員と会社との関係の特徴として、年功序列、終身雇用を指摘した。さらに、当時の日本企業の生産性の低さがこれらの要因に大きく影響されているとした。しかし、1973 年の改訂版では、高度成長期の日本をベースに、むしろ、それらの要因が企業と従業員の紐帯を強め生産性を高めていると結論づけた。

　アベグレンの直接的指摘は、年功序列と終身雇用および日本的非合理的経営システムであったが、重要な点は、日本の職場における社会関係の特徴のいくつかを指摘した点と社会関係と生産とが不可分であることを指摘した点である。彼は、同書において、仮に日本に物理的に同じ工場を再現できても、同様な生産性を期待できるかは分からないと指摘しているとおり、機械的合理性のみで経営はできない。さらに、留意しなければならないのは、生産様式と財・サービス内容が社会関係のあり方と一体となって組織集団活動（生産活動等）の業績・成果となって現れる点である。戦後まもない時期においては社会インフラの不整備が大きな障害であったが、高度成長を牽引したのは、生産様式、財・サービス内容そして社会関係のあり方が高適合したからであった。それは、今日産業構造が変化して、生産様式および財・サービス内容が大きく変わって、効率が低下し効果も期待できなくなっていることからも分かる。アベグレンの日本的経営の特徴の指摘は、職場における日本的社会関係の特徴を制度と慣行として指摘している点が重要である。

　また、高度成長期の日本企業の躍進は国際社会の注目することとなり、OECD は、1970 年に調査団を派遣した。この調査では、日本の経営の特徴として、アベグレンが指摘していた終身雇用、年功賃金に加え、欧米とは異な

る労組の連携のあり方として、企業別労働組合を指摘し[14]、さらに、5 年後の 1975 年にも調査団を派遣した。アベグレン同様、職場における日本的社会関係の特徴を制度と慣行として指摘している点が重要で、この調査では、職場の人的つながりの特徴として、タテの互酬関係、共同体的規範を指摘するとともに、意思決定の特徴として、稟議等集団的意思決定を指摘した。タテの互酬関係は年功賃金が受け入れられる社会関係でもある。また、稟議による意思決定は日本的コーポレート・ガバナンスの基本でもある。今日、いずれも、組織集団活動（生産活動等）の業績・成果の視点から、その変更が求められている。

注

1) Abegglen, J. C., 1958, *Management and Worker*, Ayer Company Publishers.
2) Abegglen, J. C., 1973, *Management and Worker*, Sophia University Tokyo.
3) Abegglen, J. C., ibid. pp.170-171.
4) 照明実験、継電器組立作業実験、従業員面接調査、バンク巻き線作業実験等で構成されている。
5) 2020 年経団連の中西会長は、日本的雇用慣行がこれからの企業活動にふさわしくないとしてその改革の必要性を提唱している。
6) 1975 年 9 月 20 日〜 10 月 4 日
7) 経済開発協力機構（労働省訳・編）、1972、『OECD 対日労働報告書』日本労働協会、30 頁。
8) 日本的経営における三種の神器とした。
9) OECD, 1977, *The Development of Industrial Relations Systems: Some Implications of Japanes Experience*, OECD Publications, p.27.
10) 一般的には相互的行為や交換における社会関係で、ここでは年功賃金と仕事の関係や職場での共同体的関係および年配社員と若手社員との仕事における関係として表れる。
11) 尾高邦雄、1997、『日本的経営：その神話と現実』中央公論新社
12) 津田真澄、1981、『現代経営と共同生活体』同文館
13) 岩田龍子、1977、『日本的経営の編成原理』文眞堂。
14) 経済開発協力機構（労働省訳・編）、1972、『OECD 対日労働報告書』日本労働協会、30 頁。

第7章
経営と統合の捉え方

　経営は、組織体の側面から捉えれば、目的達成のために、組織・集団を計画
的、継続的に適宜、必要な実践を行う（運営する）ことであるが、その運営の
態様・あり方は、時代によって異なり、また、同時代であっても組織成員の性
格等によっても、具体的現象は異なる。さらに、組織・集団の活動の前提とな
る社会制度や経営制度は時代によってだけでなく、国家間や地域社会間により
大きく異なる。加えて、そもそも財やサービスの内容自体が異なれば、経営の
実践やあり方は異なる。

　中世においては余剰資金が蓄積され徐々に商業資本の形成が進み、不連続で
はあるがさらに近代の産業資本の段階にシフトしていった。確かに自給自足を
中心とした社会は次の段階である手工業的活動の社会段階に移行していき、手
工業社会が成熟すると次の段階である商業資本の社会へと発展していった。中
世から近世にかけて拡大していく生産活動や取引活動は、近代と比較すれば、
小規模で限定的であり、近代社会ほどには、機能組織の活動は社会の中心では
ない。しかし、技術革新や取引拡大を伴った社会への発達は、新たな動力源と
工場制機械工業の段階に至り近代社会へと移行した。

　資本の拡大と規模の拡大は相まって進行するが、これらの変化を画期的に変
化させたのは技術革新で、第1次産業革命時では水力から蒸気への動力に関わ
る技術革新により産業資本主義が大きく発展するところとなった。その後、電
力等への発展が、機械による生産性をさらに高め社会を変革するとともに、時
代間でまた同時代において人の協働のあり方、経営のあり方を変化させた。換
言すれば、協同のあり方が技術革新によって発展し社会が変革されていった。

そして、そうした技術革新の変化と表裏一帯の関係として、組織集団における人間的・文化的視点から把握できる、社会関係と統合のあり方も変化していったのである。

　経営のあり方の変化要因は、上述のように生産性の向上に関わる物理的、経済的要因と人間的・文化的要因から捉えることができる。ここで検討している「経営の社会構造」における「経営」の捉え方は、後者のアプローチ上にある。例えば、経営経済学においてグーテンベルグ（Gutenberg, Erich）は、経営を物財の視点からアプローチするが、経営社会学は経営を価値財の視点からアプローチする。経営はこれら2つのアプローチから把握できる。そして、分析的にはこれら2つのアプローチがあるが、実際の経営はこれらが一体となって実践され、1つの経営現象を現出する。

第1節　協働と経営の社会構造：モラールと統合

　経営は、成員について捉えれば、組織・集団の成員を動員して、目的達成のために適宜、必要な実践を行い、組織・集団を計画的、継続的に運営することであるが、経営社会学においては、人間的側面から、経営装置としての経営制度や規範を通して集団を統合しながら運営することを意味する。すなわち、アソシエーションとしての組織集団は、単に機械的システムとして構造化されているのではなく、社会的構造と相まって構造化されている。そして、これら2つの構造下で他律的規範と自律的規範に基づき目的達成のために、統合されながら組織集団は活動をしている。

　ダーレンドルフは、機能組織集団の統合を含む社会構造の実践的側面について、6つのカテゴリーを指摘している。おもなものは、①組織体の維持、②組織機能の確立、③成員の統合、④組織安定性、⑤職位役割の結合、⑥組織外部との連動、等であり、これらが経営の社会構造と経営の社会的システムを通して統合され実践される（表5-1）。

　一方、バーナードは、全人仮説のもと、組織・集団の活動を、経済的動機、社会的動機そして心理的動機が一体となった行為システムとして統合されて組

織集団の活動が実践されると捉えている。経済人仮説にみられる経済的合理性が個人・集団の行動に強く影響を与えるだけでなく、協働体系理論では、それと当時に組織成員の協働形成プロセスにおける社会的動機、心理的動機が経営の社会システムに強く影響を与えるとしている。バーナードの三層構造理論において特徴的なのは、管理論における責任論で、社会的合理性（含、社会的動機、心理的動機）と経済的合理性（含、経済的動機）の両面を持つ人間の行動は、合意形成のプロセスや行動規範を通して、個と組織・集団の対立の克服（協働）により実践され、特に、個人と集団規範間の葛藤の調整（個人パーソナリティと組織パーソナリティの調整）が、組織・集団の行動準則や道徳等によりなされ統合されるとしており、特に道徳の重要性を指摘している。すなわち、組織・集団の活動（協働）を行為システムの集合として捉え、行為システムの統合を通しての活動では、環境・状況に応じて創造された行動準則および道徳が個人と集団の統合の基礎になるとする。

　ダーレンドルフとバーナード、いずれも、組織集団の活動を人間協働のあり方から論じており、単に、経済的あるいは機械的・物理的合理性による結びつきだけではない人間的視点における社会的合理性に立脚して個人が機能組織集団活動に統合され組織集団が活動するとしている点が重要である。

　また、統合は、社会心理的側面から集団のモラールとして成員と集団の関係、集団の凝集性として把握することができ、これに関し尾高邦雄は、集団のモラールを大きく2分し、1つは、「仕事に対する態度」であり、もう1つは、「職場あるいは職場の人々に対する態度」とした[1]。

　モラールを高めることにより統合し、組織・集団活動の内容を高めるといった取り組みは今日に続く重要な取り組みと考えられる。実際、組織集団活動においては、状況に応じてモラールを高める多くの具体的な取り組みが実践されている。

第2節　仕事と統合の考え方

　アーウィックは、組織、集団活動について、仕事の領域（機械的取り組み・具体的業務）と人間の領域（人間的取り組み）の2つの領域からアプローチし、その統合により組織、集団活動が実践されることを説明している[2]。前節で言えば、「仕事の領域」は経済的合理性の領域に対応し、「人間の領域」が社会的合理性の領域に対応する。「仕事の領域」と「人間の領域」が統合されて、実際の組織、集団活動（業務遂行や相互関係）が実践される。つまり、仕事に関する機械的経済合理性の領域をふまえながらもそれに対しての人間的非合理的な領域（社会合理性の領域）が環境変化に適応しながら組織・集団の実践が推進されるとしている。また、アーウィックは、ファヨール（Fayol, Jule Henri）のように管理原則として体系化して主著『経営の法則』[3]を著しているが、個人と集団の視点や社会的影響（人間的影響）が底流にある。

　換言すると、仕事の領域（機械的取り組み・具体的業務）は、経済的合理性の視点から仕事の領域での具体的な実施レベルを全体の仕事レベルとそれを構成する個々の仕事レベルで捉え、これらが合理性をもって相互に関係する、とする一方、人間の領域（人間的取り組み）は、人間活動を、集団的活動レベルとそれを構成する個々人の活動レベルで捉え、これらが社会的合理性をもって

表 7-1　アーウィックの組織集団の捉え方

A.　仕事の領域（具体的業務）
→　組織集団の問題（合理的組織運営・連携）
→　成員個人の問題（個人の職務・職務遂行）
B.　人間の領域（人間的取り組み）
→　組織集団の問題（モラール）
→　成員個人の問題（モティベーション）
C.　AとBの調整・統合

資料：Urwick, L. F., 1957, Leadership in the twentieth Century、を基に筆者作成

相互に関係する、とし、実際の組織、集団の活動はこの2つの領域が人間的に統合されて実践（協働）されるとする[4]（表7-1）。

　一方、バーナードは、組織を「成員の意識的に調整された活動や成員による影響力、権限の体系」とし、仕事の実践を人間の協働、行為システムとして捉えている。すなわち、個々の仕事およびその集合した全体の仕事体系は、社会システムの実践としての組織活動として理解される。つまり、仕事の実践を行為システムとして捉えているので組織、集団活動は社会システムとしての取り組みとして把握される。つまり、バーナードは、仕事の実践そのものが社会的合理性と不可分な行為システムにおいて実践されるとしている点および氏の指摘する責任論に基づいて成員が統合されるとする管理論は、組織集団における人の統合である。これは、アーウィックのアプローチである仕事の側面と人間との調整を個人と集団のレベルで把握し統合するのとは異なる。

　すなわち、バーナードの考える行為システムにおける統合は、経済合理的視点と社会合理的視点を含んでいる行為概念等において説明される点に留意する必要がある。仕事領域と人間領域の2つの概念が統合されるとして説明しているアーウィックとは異なる。しかし、重要な点は、組織、集団が仕事の機械的な連鎖によって実践されるのではなく、社会構造、人間的活動を通して、統合されて実践されると考える点が共通であり重要である。

　また、経営は本質的に人と物財に対する議論から成り立っていることを考えると、その議論が人間的領域（社会的合理性）と物的領域（経済的合理性）に関わる研究として把握されるが、いずれが優先されるというより、状況に応じて、あるいは分析の目的や視点に応じて議論のスタンスが異なる点に留意する必要がある。

　例えば、経済合理性（ここでは生産技術と組織構造）に基づく組織編成としては、ウッドワード（Woodward, Joan）の環境状況適用理論（コンティンジェンシー理論）がある。これは、例えば、工場においてどのような製品を製造するかより効率的な組織編成のあり方は異なり、生産時に変化の多い少量の製品を生産する場合は、有機的な臨機応変な組織の方が、効率が良く、その逆に変化が少ない、大量の製品の生産の場合は機械的組織の方が、効率が良いとする

ものである。ウッドワードはケーススタディ [5) により実証した。しかし、視点を変えて同じ製品を生産する場合に社会構造が異なる生産工場間で比較したとき、それぞれの工場での協働のあり方が異なれば生産結果は異なる（一般的に協働のあり方が同じであることはなく異なるが）。また、協働のあり方の違いの原因の多くは社会的合理性のあり方の違いによるものである。状況に応じて、あるいは分析の目的や視点により議論のポイントは違うが、常に経営の実践では社会システムのメカニズムが働いている点に留意しなければならない。

注

1) 尾高邦雄、1963、『改訂 産業社会学』ダイヤモンド社、389-393 頁。

2) Urwick, L. F., 1957, *Leadership in the twentieth Century*, Sir Isaac Pitman & Sons, LTD., p7.

3) Urwick, L. F., 1943, *The Elements of Administration*, Sir Isaac Pitman & Sons, LTD.

4) Urwick, L. F., 1956, *The Pattern of Management*, University of Minesota Press, pp.52-55.

5) Woodward, Joan, 1994, *Industrial Organization*, Oxford University Press, pp.83-153.

第 **8** 章
経営の対立関係と調整・統合

第1節　支配団体と対立関係

　機能組織・集団は、宿命的に、構造的に対立関係を有するとともにその調整、改善を指向する（第4章第2節　支配と指揮命令）。また、対立は、その主体あるいは解決方法が個人か組織かでその性質を異にする。なぜ、機能組織・集団が宿命的に対立関係を有するかは、機能組織・集団の目的と、その成員たる個人の目的が必ずしも一致していないことが大きな要因として挙げられる。つまり、成員はそれぞれ個人特有の目的を有しているがその一方で、機能組織・集団もその組織目的を有するため、これら2つの主体の目的が相反することが一般的であるからである。ジンメル（Simmel, Georg）は、個人の一面性しか求めない集団分化（社会の構造的分化）と個人の多面性を求める個人分化（個性的人格化）の対立する2つの視点[1]を指摘したが、まさにその構図は一組織の中においても同様に発生する。バーナードは組織充足と組織能率のバランスすなわち組織均衡の重要性を説いた[2]。

　相反する目的が同一組織体等に存在することが、組織・集団活動において、指揮命令関係の実践の際に個人と集団間等で顕在化するため、個人と集団間等の対立として表面化するのである。その際、既述の「規範メカニズム」（第5章第3節（3））において考えれば、「図5-4　社会・個人企業の相互関係（概念図）」で示したように、準拠する集団規範が当事者の意思決定に大きく影響を与える。

　また、ここで述べている「機能組織・集団の目的とその成員たる個人あるい
は細分化した組織・集団間での目的」は、その性質が合理的である場合と非合
理的である場合があり、合理的である場合の例としては、経済的合理性により
説明される場合等が挙げられ、非合理的である場合の例としては、心理的・感
情的に説明される場合等が挙げられる。いずれの場合も、結果としては対立と
して表面化するが、両者があわさって発生することが多い。

　さらに、対立関係に変化が生じる場合に、何が対立関係に変化を与えたかを
考えると、次の３つに分類できる。第１は、対立関係の状況に変化を起こさせ
る能動的な取り組みの実践があった場合である。働きかけの主体は、当事者に
よる働きかけと第三者による働きかけに分かれる（働きかけという要因）。第
２は、働きかけによる影響ではなく当事者を取り巻く環境の変化が対立に影響
を与える場合である。環境変化が対立の前提を変化させ、それに伴って対立関
係自体が当初の対立関係から変容する場合である（環境変化という要因）。そ
して、第３は、当事者自体の変化により対立関係が変化する場合である（当事
者変化という要因）。実際には、これら３要素が重なり合って変化する（図8-
1）。

　一方、既述のとおり組織・集団に内在するこうした対立関係は、組織・集団
が宿命的に支配・指揮命令関係を構造的に組織に内在することに由来し、ダー
レンドルフは、支配・指揮命令関係がある個々の機能組織・集団を支配団体、

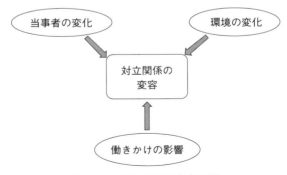

図8-1　対立関係の変容要因
資料：筆者作成

強制団体と位置づけて議論している。換言すれば、支配団体、強制団体における対立は、宿命的にある対立関係の構造において前述のプロセスを経ながらその改善を指向しているのである。

　すなわち、組織・集団の活動時に発生する対立関係とその調整・統合は、経営実践そのものにほかならないのである。

第2節　対立関係の統合

　組織・集団の成員を「統合」するプロセスにおいて、経済的要因も含め多くの要因が影響を与えるが、経営社会学的アプローチでは社会的要因を重視して、成員の統合を論じる。特に、成員間の社会関係により生成される諸現象、成員の「結合と分離」や「文化的対立と融合」あるいは社会階層の「収斂と分裂」等の領域において、組織・集団の成員がいかに関係性を形成し組織・集団を変容させ、また統合されていくのかが重要な視点となる。このアプローチは現象面では大きく変化してもその本質において時代を超えて普遍的である。社会・経済の発達と組織・集団の拡大とともに、対象となる具体的現象は変化するが、ここでは、対立の調整・統合の取り組みについて、フォレットの考え方を述べた後、どのように統合するかについて、対話の本質から論じる。

1. フォレットの統合理論

　フォレットは、19世紀の終盤[3]から20世紀にかけて活躍し、著書に『連邦議会下院議長』（1909）や『新しい国家』（1920）等があるが、氏の研究領域は政治にとどまらず、広く組織・集団と個人の関係において当時まだ発達していなかった行動科学的アプローチにより実践的な示唆を与えている。メトカーフ（Metcalf, H. C.）とアーウィックによりまとめられた論文集『組織行動の原理』[4]に収録されている「建設的対立」（Constructive Conflict）で、コンフリクトの調整について論じている。フォレットは、コンフリクトを意見における「相違性」や利害関係として捉えており、対峙的な関係で捉えていない。

むしろ、対立は進歩の出発点で、建設的であるなら状況を発展させるものであると考えている [5]。そして、意味のない類似性を目指すのでなく、相違点の調和を図ることが重要で、対立している当事者間での相互浸透により対立が統合されることが重要と考えている [6]。

　また、コンフリクトの調整を、支配、妥協、統合の３つに類型化している [7]（表8-2）。支配は命令をする側からの一方向的な関係で、その根拠は物理的な力（例えば、武力や暴力等）を背景にするものであり、それに対して、妥協はいずれの当事者にも当初の考えに沿った真の納得があるわけではないが合意の関係である。そして、統合は当初の考えを越えた新たな次元での双方の合意で、双方にとって初期の対立時点より、質的に異なった高い価値を持つ関係であるとする。

　経営の社会構造上、多様な社会的要因を持った成員がそれぞれの目的に基づいた行動を指向する以上、組織・集団にコンフリクトが生じるのは必然であり、そのため、組織・集団の維持・発展を図るには、成員間の調整がなされなければならないことも必然となる。その調整がどのように行われるのか、どのような考えに従ってなされるのかは、対立の状況により異なるが、調整後の成員間の関係のあり方が組織・集団の性質に影響を与える。

　そうした組織・集団の調整において、支配による調整は、ほとんどの場合において、組織・集団の自主的発展はなく、人間疎外の状況を発生させ組織集団

表8-2　フォレットのコンフリクト調整カテゴリー

支配	支配は調整や対立を認めず、また、対立する当事者に意見を表明させない、対立者を非合法になくす、ということであり、本来の調整の限界線を越えた領域の取り組みである。
妥協	当事者の合意が必要であるが、当事者の目標・目的とは異なる結果の受け入れである。
統合	当初の双方の対立点とは異なる問題設定により、双方の目標・目的が上位の、あるいは質的変容後の「概念」において対立点が解消するとともにより新たな協働に至る取り組みである。

資料：Parker, M. P., *Dynamic Administration* を基に筆者作成

における協働関係にとって良い結果はもたらさない。一方的コミュニケーションは協働を阻害し、限られた知識と創造性しか動員できないのに加えて環境変化への対応も不完全で一面的にしかなされず、継続的な集団の発展は期待できない。

　一方、「支配」と比較して「妥協」では、双方向のコミュニケーションが前提で時間的経過の中で良い結果に向かうことが期待でき、両当事者が満足とは言えないまでも対立の調整[8]について合意が形成される点において、「支配」より優れていると考えられる。

　さらに、統合では、当初の当事者の対立している次元から脱却してより上位の新たな次元で当事者間の問題を捉え直し、状況をより良いレベルに向かわせ、対立している双方にとって優れた状況を創出できるため、組織・集団の協働が停滞することなく発展できると考えられる。

2.　統合と対話

　組織・集団は、成員間の関係を時間とともに変化させながら、社会関係も変化させる。成員間の対立関係はその変化における 1 つの状態であるが、対立を改善するには積極的な働きかけや中長期的な見通しが求められる。そして、働きかけの一般的な手段としては、対話がある。対話は、対立の根底にある当事者の認識に働きかけることができる。

　ヴェーバーは近代社会のプロセスを合理化過程であると指摘する一方で、人間の行為が、価値合理的側面がある点も合わせて指摘している[9]。これまでにも述べてきたように、組織・集団活動や個人活動は、人間的側面と機能的側面の両面を有しており、成員間の対立は、この両極の性質を合わせもって当事者が認識する差異やギャップから発生する。人間的側面と機能的側面の両面を持つ、組織活動や個人活動ではあるが、認識の差異やギャップは最終的には合理的価値観に影響されるので、人間の主観からは脱却することはない基礎的対話は有効である。すなわち、人間の合理性が価値的であって主観的合理性から脱却できない以上は、人間的側面に踏み込んでの問題調整によらなければ、対

立・紛争の真の調整、統合はできないのである。

　いかにして、人間的側面に踏み込んで実践するか？　ボーム（Bohm, David）は、対話を通して相手の思考プロセスに働きかけをすることや意味の共有[10]に努めることを挙げている。すなわち、統合の達成には、硬直状態にある当事者の思考プロセスそれ自体から対話や意味の共有により脱却し新たな価値認識へのレベルアップが必要なのである。当事者間の対立の背後にある合理的には説明できない状態や実態の理解および対立している言葉の真の意味の相互理解と浸透が必要なのである。

　これを別の視点から述べれば、対話による当事者間の関係性の再構築による対立の解決において重要となるのが、歴史的社会的な影響を受けて形成されている個人の認識をいかに変革させるかである。個人は、過去から現在に至るまでに経験した何らかの関係性により現在の社会に存在しているのであって、対話によりその関係性に影響を与えて合意・統合への変容[11]を促すことが求められるのである。

　具体的には、対立から統合への合意形成は２つの段階がある。最初の段階は、対話による新たな次元での相互了解の段階である。これは、当事者間の納得、すなわち相互了解の段階である。次の段階は、普遍的な規範に基づく合意形成の段階である。これは、対立に対して、純粋理性や良心等普遍的人間性から了解する段階である。

　いずれも、社会的な認識によって理解されるものであり、経済的合理性や単なる妥協[12]などの合意と違って、統合に至る合意においては、いずれも当初の対立における当事者の認識からの脱却と飛躍がなされ、当事者間の新たな価値観において協調的関係が構築される。これにより組織・集団における対立する当事者は、双方が発展できる新たな理念・目標の形成へと、より普遍的な新たな規範の創造を通して、対立の解消のみならず新たな組織・集団の形成と統合の推進が可能となるのである。

注

1) Simmel, Georg, 1890, *Über Sociale Differenzierung, Sociologische und Psychologische Untersuchungen*, Duncker & Humblot, S.140-141.（居安正訳、1970、『社会分化論 社会学』現代社会学体系Ⅰ、青木書店、165-166頁）。

2) Barnard, C. I., 1938, *The Functions of the Executive*, Harverd University Press, pp.55-57.

3) 1868 ボストンに生まれ、1898 にラドクリッフ校を卒業、1990 年からはケンブリッジで政治等を学んだ。

4) メトカーフとアーウィックにより、人事管理協会主催の「企業管理の科学的基礎」での講演記録が論文集にまとめられた。Follett, M. P.（Metcalf, H. C. and Urwick, L., ed.）, 1940, *Dynamic Administration: The collected papers of Mary Parker Follett*. Harper & Brothers Publishers

5) Parker, M. P.,（Metcalf, H. C. and Urwick, L. ed.）, 1940, *Dynamic Administration: The collected papers of Mary Parker Follett*. Harper & Brothers Publishers, pp30-49.

6) ドイッチ、M.（Deutsch, Morton）は、建設的紛争解決について、創造的機能があることを指摘するとともに、当事者の問題解決への動機づけが求められることを指摘している。
ドイッチ、M.,（杉田千鶴子 訳）、1999、『紛争解決の心理学』ミネルヴァ書房、359 頁。

7) Mary Parker Follett,（Graham, Pauline ed.）, 1994, *Mary Parker Follett Prophet of Management*, President and Fellows of Harvard College, p.188.

8) フォレットは調整（co-ordination）を、単に対立の度合いを低下させる取り組みというより、統合されて次元を超えた統合（integrative unity）として捉えていた。Parker, M. P.,（Metcalf, H. C. and Urwick, L. ed.）, 1940, *Dynamic Administration: The collected papers of Mary Parker Follett*. Harper & Brothers Publishers, p.192.

9) Weber, M., 1966, *Soziologische Grundbegriffe.*, 2, durchgeschene Auflage, J. C. B. Mohr（Paul Siebeck）Tübingen, S.20-21.（清水幾太郎 訳、2005、「第3節社会的関係」『社会学の根本概念』岩波書店、42 頁）

10) Bohm, D., 1996, *On Dialogue, Routledge*, pp12-13, 66-69.

11) ボームは、統合に至る対話において、当事者間の勝ち負けの概念が意味をなさない、と指摘するとともに、統合を目指す際に勝ち負けの概念を否定している。そもそも統合のための対話は、交渉とは異なり、当事者間の思考を中心に共通点の発見や理解を目的としているので、具体的対立点における勝ち負けや程度は問題ではないとする。

12) 妥協を否定しているのではなく対話の結果として妥協が両当事者にとって満足のいくものとなることは多いが、両当事者が真の意味で高い満足を得るケースは、妥協という領域での解決ではなく、対話による統合の領域における解決である。

第9章

近代社会創成期と現代
（第Ⅰ部　結びに代えて）

　人間が協働して活動をするという普遍的な営みにおいて、近代社会の新たな機能組織集団を中心とする社会は、産業資本の論理と工場制機械工業により、協働におけるそれまでの社会関係や集団内外の規範のあり方を一変させた。そして、その変化は継続的になされ、今日、AI、IoT そしてバイオ技術等の発達がさらに「経営（協働）・社会（社会関係）・制度（組織内外の規範）」のあり方とそれらの関係を変化させている。

　経営社会学は、これまで論じた視座からその時代時代において、まさに三位一体の「経営・社会・制度」の内容と変化を研究するものであり、それは現代においても同様で、三位一体の「経営・社会・制度」から生じている現在の経営社会現象を研究するものである。そして、それら経営社会現象の現代的課題・問題に対して、いかに対応すべきかが、今日、多方面の領域から取り組まれている。

　経営社会学の創生期の基本的テーマ（図9-1）は、これまで論じてきたように、工場制機械工業の発達とともに機能組織集団の活動が広範囲に発達し、近代社会が形成されるようになった当時の社会変化の中で、人や組織がどのように変容しているかの研究で、組織・機能集団の活動や社会メカニズムおよびそこで活動する個人の変容および諸現象に対する研究であった。そして、具体的研究成果の１つは、既述のヴェーバー，M. らの「封鎖的大産業経営の労働者の選抜と適合 —— 職業選択と職業運命」の研究やメィヨーやレスリスバーガーの『経営と労働者』[1] であったりする。換言すれば、経営社会学の基本的テーマの１つは、経営における人のあり方、すなわち、経営が実践される際の組

織・機能集団における社会関係と構造、および変化の研究である。当時の技術革新としての工場制機械工業の発達（工業化社会の到来）は、社会を構成する機能組織・集団の社会関係に構造的変化をもたらし、それまでの社会と違った現象を生じさせるようになったが、当時の研究を今で例えるなら、まだ社会では小規模であるが将来の社会基盤となるAIの発達という技術革新が、人、組織、社会に与える影響、の研究とでも言うことができよう。

　近代社会の始まりにおいては、賃労働者は工場制機械工業における定型業務を中心とした労働者であったが、現在はコモディティ（汎用製品）の生産は過去の工業化社会の延長線上にあるにすぎず、AIやバイオを含めて産業の高度化が求められている今、定型業務が期待される賃労働者ではなく、イノベーションを牽引できる研究者・技術者が求められる時代になっている。その結果、労使間での問題は、たとえ過去と共通した労働時間というテーマではあっても、その内容は大きく異なる。

　また、近代社会の始まりとともに賃労働者という中世・近世の共同体組織になかった労働者と企業との関係が始まったが、時代の変化により新たな特徴をもった、機能組織と集団の担い手（職工・従業員等）の間での新しい関係が生じ始めた。

　加えて、経営社会学の領域の1つは、経営（協働）の視点からの社会改革、いわゆる経営社会政策研究である。近代社会の始まりから社会問題となってい

〔経営社会学〕
三位一体である「経営（協働）・社会（社会関係）・制度（組織内外の規範）」の内容と変化を研究

→ 1. 人と組織の関係変化に関する研究

→ 2. 技術革新が人、集団、組織、社会に与える影響に関する研究

→ 3. 賃労働者と経営と社会が、それぞれ相互に与える影響に関する研究

→ 4. 社会・集団の規範と成員との関係に関する研究

→ 5. 人と組織（協働）の視点からの実証的経営社会政策研究

図9-1　経営社会学の基本的テーマ
資料：筆者作成

る労働時間問題（第2インターナショナルで要求テーマとなった8時間労働）
は、今日の日本では形を変えて、働き方改革問題となっている。具体的には、
2019年4月に施行された後述（第Ⅱ部第12章）の「働き方改革を推進するた
めの関係法律の整備に関する法律」による取り組みにおける、36協定（サブ
ロク協定）の改革問題として取り組まれるようになったように経営と社会政策
は表裏一体の経営社会政策問題でもある。

　これらの研究の底流にあるのは、経済合理性や機械的合理性からのアプロー
チではなく、人間的視点からのアプローチである。すなわち、集団構造／（機
能と人との関係）をホモ・エコノミクス（homo economicus）的人間観で理
解するのではなく、広範に社会関係を形成する人間を対象にホモ・ソシオロジ
クス（homo sociologicus）的人間観によるアプローチである。

　一方、社会は常に社会環境や技術を革新させながら発展しており、現在の
社会問題は近代社会創成期の18世紀の当時の社会問題とは大きく異なる。し
かし、テクノロジーを利用して協働により社会に働きかけをし問題解決に取り
組む点は、今も昔も変わらない。近代社会の初期段階では、産業資本の拡大の
下、民主主義の浸透と定型業務を中心とした賃労働者の増加が、当時の技術レ
ベルにおいてではあるが社会変革（今日、5Gの通信技術やインターネットの
普及そしてAI、バイオ技術による社会発展とは大きく異なるが）、近代初期は
それまでの近世と比較すれば、まさに質的に異次元の世界の始まりであった。

　当時の社会変化の中で、既述のとおり経営社会学は近代社会の社会問題を経
営社会学の視点（社会構造的視点、社会関係的視点、支配対立的視点など）か
らアプローチしている。当時と社会問題の諸現象は大きく異なっていても、底
流には機能組織集団が宿命的に支配関係を持っていることから発生する人間的
かつ経済的対立の発生とその調整統合問題（組織集団内社会関係の変化と統合
問題等）が宿命的に存在する。

　今日も形を変えて組織集団や社会では対立が発生しているが、これらの問題
の解決には、やはり、これまで論じてきた経営社会構造を踏まえて経営社会学
の視座から取り組まなければ、問題の本質的解決は図れないのである。

注

1) Roethlisberger, F. J., Dickson, W. J. Wright, H. A., 1939, *Management and the Worker*, Harvard University Press.

第Ⅱ部

現代と経営社会学

　第Ⅱ部では、第Ⅰ部で論じた経営社会学の視座から複雑に高度化した現代社会の諸問題を三位一体といえる経営（協働）・社会（社会関係）・制度（組織内外の規範）の内容と変化を踏まえて、現代の具体的なテーマごとにモノグラフ的に各章で論じる。すなわち、「雇用形態と経営／社会制度」の視点、「雇用管理と社会関係／規範／制度」の視点、「時間管理と経営／規範／社会制度」の視点、「苦情処理と経営／規範／社会制度」の視点、および「外国人労働者と経営／国際社会／社会制度」の視点から、それぞれ各章で現代の具体的なテーマとして現状を分析し具体策を論じる。

はじめに（第Ⅰ部との関係）

1. 非典型労働と経営／社会：イギリス・オランダ・スペイン等との比較

　第10章では、「雇用形態と経営／社会制度」の視点から、現代の雇用形態の問題が、経営・社会制度のあり方と渾然一体となって日本の社会問題を発生させていることを論じ、その処方箋を提示している。第Ⅰ部で論じたように組織集団は、その属する社会の社会構造を反映して活動をするとともに対立関係を内在させている。しかし、近代社会の始まりでは、対立と言えば専ら階級間（社会階層間）の対立が社会問題であったが、今日、日本ではその種の対立のウエイトは低下している。現在、社会問題になっているのは雇用形態の違いによる社会的合理性のない格差問題である。

　経営社会学の視点に立てば、この問題は、労働力供給の基礎的フレームである社会制度と、労働力需要の主体である経営のあり方が相俟って、社会問題として現出しているのである。別の言い方をすれば、過去の日本の経営社会構造が様変わりしている今日の社会において、過去のメカニズムが稼働し、時代にミスマッチしたそのメカニズムがバランスを欠いた経営・社会現象を現出させているのである。（雇用形態の違いによって労働者に社会的不合理な格差を生じさせる労働力供給構造[1]が、図らずも現在、経営上、効率的メカニズムの1つになっている。しかし、その一方では今日の社会問題となって最終的には経営に負の影響を与えているのである。）

　社会と経営との関係は各国で異なり、日本のような雇用形態による格差問題が同様に発生しているわけではない。第10章では、国際比較を通して日本の非典型労働の特徴を明らかにするとともに、その是正のあり方を提言している。

2. 研究者・技術者の活性化と日本的雇用システム

　第11章では、「雇用管理と社会関係／規範／制度」の視点から、現在、産業の高度化が進み、研究者・技術者が今後ますます重要になっていく中で、産

業高度化の担い手である彼ら彼女らが、今後、経営社会構造や社会関係が変化する中で、所属企業あるいは組織とどのような関係を持つのか、また、社会規範やルールはどうあるべきか（政策としてどうあるべきか）を論じている。

　近代社会の初期の工場制機械工業を担う賃労働者は、当時の生産機械の延長線上に位置づけられたが、工業化社会の発達は単に現業職としてのブルーカラーの増大だけでなく、新たなカテゴリーとしての賃労働者を創出した。例えば、ホワイトカラーは、工場労働者のカテゴリーに対して非現業である事務、販売や企画等知識や技術を基礎にした難易度の高い職務遂行を実践するカテゴリーとして発展し、さらにゴールデンカラーは、より高い知識や技術を担うカテゴリーとして登場した。そして、情報化時代にあっては、特に情報産業の高度な職務遂行に携わる賃労働者として、その職務内容は、一層、多様化・高度化している。産業の高度化は、企業活動における、研究者、技術者の位置づけを一貫して高めている。

　1970年代80年代における工業化社会での財やサービスは、現在と比べその機能や品質において画一的な汎用品（コモデティ）であった。しかし、高度情報化社会の現在、多様化した価値観の下で、個々の消費者ニーズに合った財やサービスが求められるようになり、そのニーズへの対応は革新的技術により実現されている。開発や研究は、AIや医療分野も含めて広範囲に展開される時代になった。企業活動を支え、時代を推進する研究者・技術者は旧来からのカテゴリーとしては賃労働者であるが、近代初期とはその位置づけが全く異なり、日本の戦後体制の企業・社員の関係においても大きく変化している。第11章では、新たな時代に向けての企業と社員との関係を、研究者や技術者の視点から、社会関係と雇用システムを中心に論じ提言している。

3．創造的自主的な働き方と裁量労働：高プロ制度の問題点

　第12章では、「労働時間管理と経営／規範／社会制度」の視点から、労働時間という古くて新しい問題（例えば、第Ⅰ部で論じた人間疎外の原因の1つは労働時間であった）を、今日的課題である働き方改革（長時間労働の是正と創造的働き方の実現）の具体的施策である2019年4月施行の高プロ制度およ

び現行の裁量労働制を通して検討している。

　近代社会の始まりから抱えていた労働時間問題がいよいよ顕在化したのは、1886年5月1日（後のメーデー）にシカゴで8時間労働の要求がなされ、その数日後のヘイマーケット事件として暴動に発展した労働者集会の事件は時代を画する象徴的事件に始まる[2]。そして、さらにパリで設立された1889年の第2インターナショナルでは、ゴンパース（Gompers, Samuel）が国際的課題として8時間労働を訴え、今日のメーデーに繋がっている。

　このように近代社会が宿命として持っている労使の対立点としての労働時間問題に加えて、今日的視点、すなわち、高度情報化社会へパラダイムシフトし産業の高度化が進みさらにイノベーションが求められる現在において、組織・機能集団と個人間の時間シェアについての新たな関係が求められている。そして、人間疎外（ブリーフス）で論じたように、人間的で創造的な働き方も求められている。

　人の活動の基礎である労働時間制度について、イノベーション（創造性）、生産性、そして、やりがい、労働者の生活およびテレワーク等ニューノーマルへの対応を踏まえて、今日の日本の制度的問題（ホワイトカラー・エグゼンプションと裁量労働制）として議論し提言を行っている。

4. 個別労働紛争（対立）の企業内外での調整：日英の比較

　第13章では、「苦情処理と経営／規範／社会制度」の視点から、第Ⅰ部で論じた経営社会学のテーマの1つでもある、機能集団がその内部に宿命的に持つ対立を、複雑に高度化した現代社会のルールやメカニズムの下、第三者あるいは行政機関がいかに調整するかについて、日本と同様に行政機関や司法機関の役割が重要であるイギリスの調整制度と日本の比較を通して論じている。

　ヴェーバー，M. は、命令の受容の妥当性根拠を3つに類型化して説明をするとともに、組織については、合法的組織として官僚制を論じた。また、ダーレンドルフは、『経営社会学』において、組織における支配と服従の関係を一元的関係で捉え、指揮命令関係から構造的に生じる対立や摩擦は宿命的であるが、必ずしもその緊張関係が組織・機能集団の活動を阻害するのではなく、む

しろ発展の原動力になると考えている。そして、いかにその緊張関係を処理していくかが、まさに組織体の基本命題であるとする。確かに、活動を効率よく継続的に行っている組織・機能集団は、その組織・機能集団に適した調整メカニズムを有している。第13章では、対立・紛争の状況を比較検討するとともに、社会および組織・機能集団における調整メカニズムを日英の紛争処理の集団規範のあり方やルール、ガイドラインおよびその活用の仕方を通して、今後、日本で必要となる取り組み方を論じ提言をしている。

5. 未熟練外国人労働者の人間疎外と在留資格制度

　第14章では、「外国人労働者と経営／国際社会／社会制度」の視点から、未熟練外国人労働者の今日の人間疎外問題の原因の1つである受け入れ制度（在留資格制度）について論じている。近代社会の当初より欧米では外国人労働者の流入・受け入れが大きな影響を社会に与えていたが、当時からそこで発生する外国人労働者問題は、経営の合理的側面から生じる摩擦や外国人労働者の内面的側面から生じる葛藤であった。特に後者は、外国人労働者の生活習慣、宗教、文化の相違から生じる葛藤だけでなく外国人労働者の価値や行動規範等社会的世界に関わる葛藤であった。

　外国人労働者問題の底流にある課題を在留資格という個別問題において具体的に論じ、国際人権法上、行き過ぎた人権侵害や人間疎外があれば、国際社会の反発を強く招き、経営を存続発展させることはできず、社会の要請を無視できない。また、社会が活性化するには、その構成組織体である企業や組織体等が活発に活動できることが基本で、そのためには、成員である人間の人権が国籍や雇用形態等形式的要件により差別されないことは普遍的な原則であり、経営はこの原則を踏まえて実践されることが求められるという、未熟練外国人労働者と経営の関係を日本の今日的課題として論じ、受け入れ制度を通して提言をしている。

注

1)　近世においては、封建的な身分による労働力供給構造であった。

2)　1886 年 12 月 8 日、AFL（American Federation of Labor）、サミュエル・ゴンパーズを会長として熟練労働者を中心に成立。1935 年 10 月、産業別組合会議（CIO）が AFL より分離、1955 年 12 月、AFL と CIO は AFL-CIO となり現在に至る。

第10章

非典型労働と経営／社会：
イギリス・オランダ・スペイン等との比較 [1]

第1節　は じ め に

　職場は、一般的な社会集団の性質で言えば、「組成社会」「アソシエーショ
ン」そして「ゲゼルシャフト」的な人の集まりで、目的を持って活動を行う組
織・集団である。企業はその活動の実践のために外部（いわゆる労働市場）か
ら要員を取り入れ（採用）、組織活動を実践する。その要員、すなわち、社員
等被用者は、現代社会では単に雇われている人ではなく、複雑に区分され法的
に位置づけられて異なった処遇がされている。複雑とは、各国により法規範も
含めた社会的規範によってカテゴリーが異なるだけでなく、日本のように同様
な仕事をしても賃金が異なっていたり、性別による実質的な賃率の違いがあっ
たり [2] 等、同様な問題を抱えた他国も含めて昨今では国際的な問題となって
いる。

　一方、社会の前提に問題があるか否かに関わりなく、企業は、組織・集団活
動をするに際し、その社会のルールや慣行、当該組織集団の風土や特徴の下に
実際の活動をせざるを得ない。

　本章では、経営がその属する社会規範等の下、ここでは特に、社会的ルール
が企業の行動と被用者（従業員）の位置づけに影響を与え、雇用者（企業）は
その状況を取り入れ、社会的ルールの枠内で従業員を雇用し（利用し）活動を
しているその実態を検討する。また、今後、日本が健全な相互関係を形成する
にはどのように取り組めばよいかを国際比較を通して論じる。すなわち、本章

においては、昨今いよいよ硬直化してきた日本の非典型労働問題の解決を、イギリス・オランダ・スペイン等との比較を通して、社会関係、経営関係、そして入口規制や出口規制の視点から論じる。

第2節　問題の所在

　日本の雇用労働環境が、1990年代、2000年代を通して大きく変化する中で、これまでの非典型労働制度が、構造的な社会問題として発生している。非典型労働制度のあり方については、フレキシキュリティ[3] (flexicurity) の取り組みや古くはリスボン戦略での雇用問題の取り組みに象徴されるように国際的にも各国で重要案件として検討されてきた。日本においても、働き方改革、同一価値労働同一賃金、人権問題、不安定雇用問題、ワーク・ライフ・バランス問題、格差問題、労働生産性問題、そして労働市場問題等の根底に非典型労働制度問題があり、その解決が不可避となっている。しかし、この問題の解決には、その前提にある日本的特殊性の改革が必要であるとともに、人権的側面、グローバル化の側面および組織活性化の側面からも妥当性を持たねばならず、日本は、経営と直結している非典型労働問題の抜本的改革が求められている。

　この問題の根底には、社会におけるパート労働の位置づけが様変わりしたことがある。すなわち、社会問題化する前の日本においてパート労働は、8割を超える正社員と家計補助の位置づけのパート労働（正社員の配偶者等）として存在していた。その後、1990年代後半、日本における経営のあり方は、非典型労働が推進され、その結果、正社員比率は6割台に低下し、70年～80年代と比較して、現在の経営・社会の構造は様変わりした。かつての正社員とその家計補助者としてのパートといった社会構造は過去のものとなった。また、国際的にみれば、雇用形態の違いによる社会問題は各国によりその状況がまったく異なり、日本における雇用形態問題は差別問題も孕んだ問題となっているが、それは、国際標準となっている同一価値労働同一賃金の視点からの問題である。日本の人事労務管理では長らく職務をベースにした賃金ロジックはなく、日本的雇用慣行の中で、人に対して、勤続年数や年齢等年数に強く相関してい

る賃金支払方式を採っているため、欧米とは異なったロジック、すなわち、職能（潜在能力を根拠にしたロジック）をベースに賃金も含めた雇用管理がなされてきた。このロジックは高度経済成長期における正社員中心の年功制社会において、日本的経営を支えるロジックとして効率よく機能してきたが、既述のとおりパート労働者等が世帯主となることが増加した現在では非合理的な社会格差問題となって現れている。

第 3 節　非典型労働の今日的課題

　日本の雇用社会モデルは、これまで主たる生計維持者の終身雇用を柱としたモデル（以降、カップル型モデル）であり、人や企業はそのモデルを柱に活動していたが、昨今、人や企業を取り巻く環境の変化（例えば、産業の高度化、グローバル競争等）により、このモデルからの転換が迫られている。しかし、1960 年代に形成された旧来の雇用社会モデルは変革されず今日に至っている。すなわち、日本の従来からの雇用社会モデルは、集団的・包括的業務遂行を常とし、それに平仄を合わせた職場の社会関係、報酬システムおよび社会保障システム等を一体としバランスさせて機能させた日本的経営システムである。現在は、実質的な社会関係に大きな変化の無い中、表層的に就業形態の変化が進行（表 10-1）している。

　この変化の背景には、オイルショック以降の度重なる企業経営の合理化、従業員高齢化に対する年功賃金の合理化、ICT や AI を含む技術革新スパンの短期化、市場環境サイクルの短期化、そして、グローバル競争や成熟社会等への対応がある。換言すれば、新時代に向けて過渡期にある現在は、労働面における経営合理化・効率化が、正社員を中心とした従来からの社会システムのバランスを崩壊させたものの、正社員（いわゆる夫）が家計を支え、補助的にパート（いわゆる妻）が収入を得るといったカップル型モデルに基づく社会制度[4]を抜本的に再整備することなく、あるいは日本においては社会保障が正社員を中心に構築されている現実を認識せずに、バランスを欠いた実態（女性世帯主の増加等）のみが進行している。すなわち、主たる生計維持者（正社員）と配

表 10-1 就業形態の変化（1982-2017）

（千人、％、ポイント）

	1982		1992		2002		2012		2017	
	総数	構成比	総数	構成比	総数	構成比	総数	構成比	総数	構成比
雇用者	42,454.0	―	52,575.0	―	54,732.5	―	57,008.8	―	59,208.1	―
役員	2,751.0	―	3,970.0	―	3,895.0	―	3,471.4	―	3,368.7	―
役員以外の雇用者	39,704.0	100.0	48,605.0	100.0	50,837.5	100.0	53,537.5	100.0	55,839.4	100.0
正規の職員・従業員	33,009.0	83.1	38,062.0	78.3	34,557.0	68.0	33,110.4	64.4	34,513.7	61.8
非典型労働者（小計）	6,695.0	16.9	10,532.0	21.7	16,206.2	31.9	20,427.2	35.5	21,325.7	38.2
パート	4,675.0	11.8	5,967.0	12.3	7,824.3	15.4	9,560.8	16.6	10,324.0	18.5
アルバイト	―	―	2,514.0	5.2	4,237.4	8.3	4,391.9	7.7	4,393.3	7.9
人材派遣企業の派遣社員	―	―	163.0	0.3	720.9	1.4	1,187.3	4.2	1,418.9	2.5
契約社員	―	―	―	―	―	―	2,909.2	2.0	3,032.2	5.4
嘱託	695.0	1.8	880.0	1.8	2,477.3	4.9	1,192.6	3.0	1,193.2	2.1
その他	1,325.0	3.3	1,008.0	2.1	946.3	1.9	1,185.4	2.0	964.1	1.7

注1：就業構造基本調査を基に作成
注2：「パート」、「アルバイト」等の雇用形態は職場の呼称
注3：「契約社員・嘱託」の増減は、平成19年「契約社員」及び「嘱託」の合計と平成14年「契約社員・嘱託」との差
資料：筆者作成

偶者（非典型労働）といった過去のカップル型モデルを前提にした現代の雇用社会システムにおいて、非典型労働者が単独で生計を維持する実態の拡大が、社会的構造問題としてあり、競争社会において経営はその仕組みの中で活動せざるをえないといった状況が今日の社会問題としての非典型労働問題を発生させている。主たる生計維持者（男性）を中心とした従来の雇用社会モデルの変革という、経営と社会の再構築問題に直面しているのである。

　この問題を解決するための新モデル再構築過程において重要な点は、これまでの雇用社会モデルを抜本的に改革することである。例えば、常用雇用のフレキシブル化が挙げられる。日本の非典型労働問題の本質は、単に非典型労働者数の増加にあるのではなく従来からの雇用社会モデルが新時代に合わなくなってきた点にある。そのため、表面的な雇用形態の多様化の前に仕事を基準にした公平・公正な雇用社会モデルの構築を検討しなければならない（この点については第12章でも検討する）。

第 4 節　非典型労働のカテゴリーと日本の特徴

　日本で非典型労働といった場合、就業構造基本調査の定義に従えば、非正規就業者がこれに該当する。就業構造基本調査では、勤め先の呼称により、「正規の職員・従業員」「パート」「アルバイト」「労働者派遣事業所の派遣社員」「契約社員」「嘱託」「その他」の 7 つに区分し、「正規の職員・従業員」を「正規就業者」とし、残りの 6 区分を「非正規就業者」として区分している。一方、EU でのカテゴリーの大区分では、「テンポラリー」（temporary employee）か「パーマネント」（permanent employee）か、および「フルタイム」（full-time employee）かパートタイム（part-time employee）かの区分が一般的で、それを前提に勤め先の呼称で分類している。パートであるかアルバイトであるかは日本も EU も勤め先で判断するため、雇用慣行や業務遂行のカルチャーや法規制の内容が反映されるので、呼称が同じでも内容は異なる。

　具体的に日本との相違をみると、日本ではいわゆる正社員は、雇用契約期間の定めのない常用労働者で、正社員就業規則で定める通常の所定労働時間の勤務が前提となっている。これに対応する EU の区分は、パーマネント（permanent employee）のフルタイム（full-time employee）社員で実質的内容は異なる。一方、日本で言うところのパート・アルバイト（非典型労働者）は雇用期間の定めのある労働者であるが、EU では異なりパートタイム（part-time employee）は常用労働（permanent）が一般的であって、日本のパートはテンポラリー（temporary employee）のカテゴリーが対応する。

　また、イギリスで非典型労働者（temporary employee）をみる（表 10-2）と、非典型労働者（temporary employee）はわずか5.9％であり、常用労働者は94.1％、また、フルタイムかパートタイムかをみる（図 10-1）とフルタイムが約75％でパートタイムが約25％である。一方、イギリスのテンポラリー（temporary employee）の区分（図 10-2）をみると、有期雇用労働者、不定期雇用労働者、派遣労働者、季節労働者に分類され、このカテゴリーは、日本の就業構造基本調査区分の「パート」「アルバイト」「労働者派遣事業所の

派遣社員」「契約社員」「嘱託」がまさにこれに対応する。UK の労働力調査の定義[5] では、テンポラリー（temporary employee）は、主たる仕事に期限の定め（non-permanent）がある場合で具体的には勤め先で判断している。

テンポラリー（temporary employee）に関して留意すべき点は、イギリスではパーマネントかテンポラリーかの判断基準は、労働時間数ではなく、仕事に期限の定めがある（non-permanent）か否かである。ここにパートという言葉を介して理解される日英間の非典型労働のあり方の違いをみることができ

表 10-2　2017 年イギリス常用・非典型労働者構成比の比較

(%)

| 合計 | Permanent Employee | Temporary Employee | | | | | |
	常用労働者	小計	季節労働者	有期契約労働者	派遣労働者	不定期労働者	その他
100.0	94.1	5.9	0.3	2.5	1.2	1.3	0.9

注 1 ： Temporary Employee の小計が各数値の合計と合わないのは小数点以下の計算処理のため。

資料：LFS, UK を基に筆者作成

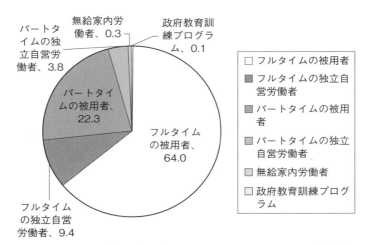

図 10-1　2019 年イギリスのフルタイム・パートタイム労働者構成比の比較

資料：LFS, UK を基に筆者作成

る。UK では、パートタイム（part-time employee）は文字通り「限定され
た時間に仕事に就く人」のことでしかなく、必ずしも「雇用契約期間が限定さ
れた従業員：Fixed-term Employees」のことではない。しかし、日本で称
されるパートタイマーは、期間に定めのある雇用契約者であることが大半であ
る。社会的意味の重要性から考えると、時間が限定されていることより、まさ
に契約期間が限定されていることの方が重要であるにもかかわらずパートタイ
ム労働者と称されている。

　日本で、欧米のパートタイム（part-time employee）のカテゴリーが発展
しなかったのは、前述のように、雇用社会モデルが主たる生計維持者を正社員
中心に構築されたことと、集団的包括的業務遂行が中心で仕事（job）の合理
的な分業により業務遂行が行われることが発達しなかったことが大きく影響し
ている。

　実際、国内企業で職務記述書（job description）を準備し業務遂行に不可
欠としている企業はほとんどない。このことは、国内企業は日々変化する仕事
を集団で取り組む業務遂行 [6] を常としており、そのため仕事・職務をパーマ
ネントの仕事とテンポラリーの仕事に区別するのは、明確なプロジェクトを除
けば難しいことを意味している。確かに不況期には、テンポラリーな仕事が無
くなるというより、「正社員によるパート通常業務の代替」（正社員の業務量の
増加）といった形により、恒常的業務に就いているパート社員がリストラされ
ていった。そもそもパートの仕事といっても日本ではいわゆるパーマネントの
色彩の強い業務も多く、テンポラリーな仕事と未分化なのである。日本の業務
遂行のあり方は、歴史的には仕事を特定せず包括的に業務遂行をするメカニズ
ムであり、そのメカニズムの中でパート労働が拡大してきたのである。別の視
点から言えば、解雇規制が厳しい判例法理あるいは労働契約法を持つ国ではあ
るが、社会規範として正社員モデルを維持できなくなると、パート社員に恒常
的業務を担当させることにより、解雇規制が厳しい正社員で雇用調整をするの
ではなく、パート社員で雇用調整をして総人件費をコントロールするメカニズ
ムが発達したのである。

　日本では仕事内容が不明瞭であるため、賃金格差のある非典型労働への代替

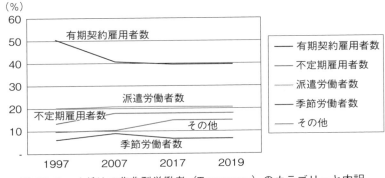

図10-2 イギリス非典型労働者（Temporary）のカテゴリーと内訳

資料：LFS, UK を基に筆者作成

が実施しやすく、総労務費の視点においては解雇しやすい国と同じ結果に至る雇用社会に変質している。

第5節 非典型労働の国際的動向

　1990年代後半にデンマークでフレキシキュリティ（flexicurity）が新たな雇用社会モデルとして展開されたが、このモデルの登場により、これまでの強い解雇規制（雇用保障）・高税負担モデル、および弱い解雇規制・労働市場流動化モデルに加えて、柔軟な労働市場・雇用保障モデルが注目されるようになった。柔軟な労働市場・雇用保障モデルは、積極的な雇用政策と福祉政策により支えられるモデルで、当時リスボン戦略においても EU で高く評価されたモデルである。

　デンマークモデルは、社会保障の点で特徴があるが、イギリスのブレア政権発足時の「福祉から労働へ」（welfare to work）や第3の道の提唱も共通の理念を持っている。労働党政権ではあったがブレア政権は、「職場における公平公正」（fairness at work）で決して昔の福祉偏重主義に戻ることはしないことを表明[7]するとともに、それまでの保守党政権の規制緩和を継続するものの必要な労働者の個別的権利は保護していった。企業活動の活性化、経済活

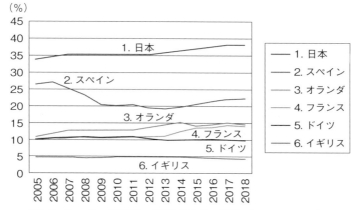

図10-3　テンポラリー労働者比率の推移（2005-2018）

資料：Eurostat, CBSStatLine（NDL）および『就業構造基本調査』を基に筆者作成

表10-3　テンポラリー労働者の動向（日本・スペイン・オランダ・フランス・ドイツ・イギリス）

分類	テンポラリー労働者比率	比率の増減	常用労働者への解雇規制	社会保障給付費のGDP比	失業率	備考
1. 日本 スペイン	高い	日本：増加、スペイン：減少後増加	日本：やや弱い スペイン：強い（スペインは労働市場改革法案を可決（2010.09）し解雇規制を緩和）後は中程度	中	日本は相対的に低い。スペインは2015年前後から回復しているが高い。	日本のパートの大半は雇用期間が限定されているため、テンポラリーに該当する。スペインはパート比率が低い（14.2%）。
2. オランダ フランス ドイツ	中	横ばい	オランダ、ドイツ：強い	ドイツ、フランスは高いオランダは低い	ドイツ、オランダは低い。フランスは高い。	－
3. イギリス	低い	横ばい	イギリス：弱い	低い	イギリスは中位。	オランダはパートタイマー比率（46.8%）が高い

資料：筆者作成

動の活性化のためには、個々の労働者を職場で公平公正に処遇することが必要であると考えていた。

　ここ15年程のイギリス、オランダ、フランス、ドイツ、スペイン、そして日本のテンポラリー労働者の状況をその比率で区分すると、大きく3つに分類（図10-3・表10-2）することができる。

　すなわち、日本とスペインは、テンポラリー比率は高いが日本は増加傾向でスペインは減少傾向である。オランダ、フランス、ドイツは、テンポラリー比率は中程度で横ばい状況であり、イギリスは、テンポラリー比率は低く横ばい状況である。

　また、解雇規制の強さで分類すると、OECDの中で大陸諸国は一般に解雇規制がアングロサクソン諸国より厳しく、スペイン、ドイツ、フランスも解雇規制が厳格な国に属し、オランダはデンマークと同様フレキシキュリティ政策を採るが解雇規制はやはり厳格な国（図10-4）に属する。

　一方、アメリカ、イギリスは、OECD全体の中で解雇規制ルールが緩やかであるが、日本は、従来の解雇権濫用法理が労働契約法16条として明文化さ

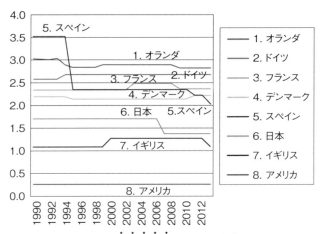

図10-4　OECD 常用労働者の保護の厳格さに関する
指標の推移（1990-2012）

資料：OECD, Stat より筆者作成

れているとともに経営上の理由による解雇（整理解雇）について4要件を課しており、正社員の解雇については厳格なルールを持っているが、国際的にその運用による実態をみると、アメリカ、イギリスに次いで緩やかである（図10-4）。また、日本のパートタイマー制度は、欧米のテンポラリー制度であり雇用保障は緩い（図10-5）。

　また、福祉についてを、社会保障給付費のGDP比、2018年時点で分類す

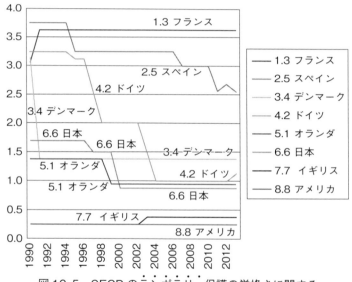

図10-5　OECDのテンポラリー保護の厳格さに関する
指標の推移　（1990-2012）
資料：OECD, Statより筆者作成

表10-4　OECD社会保障給付費の国際比較（GDP比）2018

No.	国名	（%）	No.	国名	（%）	No.	国名	（%）
1	フランス	31.2	4	スペイン	23.7	7	アメリカ	18.7
2	デンマーク	28.0	5	日本注1	21.9	8	オランダ	16.7
3	ドイツ	25.1	6	イギリス	20.6			

注1：日本は2015年のデータ
資料：OECD, Statより筆者作成

ると、フランス、ドイツは福祉の厚い国に属し、イギリス、スペイン、日本は
中程度に分類（表10-4）できる。

　テンポラリー労働者の動向を総合的にみると、オランダ、フランス、ドイツ
を挟んで日本、スペインとイギリスの3グループに分類でき、さらに解雇規制
のあり方で3区分できる。

　注目すべき点は（次節でも触れるが）、もともとテンポラリー労働者比率が

表10-5　失業率推移（2010-2019）

(％)

	2010	2011	2012	2013	2014	2015	2016	2017	2018	2019
1.　スペイン	19.9	21.4	25.0	26.0	24.5	22.1	19.6	17.2	15.3	14.1
2.　フランス	9.3	9.2	9.8	10.0	10.3	10.4	10.0	9.4	9.0	8.5
3.　デンマーク	7.7	7.8	7.8	7.4	6.9	6.3	6.0	5.8	5.1	5.0
4.　イギリス	7.8	8.1	7.9	7.5	6.1	5.3	4.8	4.3	4.0	－
5.　アメリカ	9.6	8.9	8.1	7.4	6.2	5.3	4.9	4.4	3.9	3.7
6.　オランダ	5.0	5.0	5.8	7.3	7.4	6.9	6.0	4.9	3.8	3.4
7.　ドイツ	7.0	5.8	5.4	5.2	5.0	4.6	4.1	3.8	3.4	3.2
8.　日本	5.0	4.6	4.3	4.0	3.6	3.4	3.1	2.8	2.4	2.3

資料：Eurostat より筆者作成

表10-6　パートタイマー比率の比較

(％)

国名	2008	2013	2018
1.　オランダ	43.0	46.9	46.8
2.　ドイツ	25.2	26.7	26.8
3.　ノルウェー	24.8	24.5	23.8
4.　イギリス	22.5	24.2	23.3
5.　スウェーデン	24.3	23.4	21.2
6.　デンマーク	19.5	20.7	20.7
7.　フランス	16.8	18.1	17.8
8.　スペイン	11.3	15.5	14.2
9.　フィンランド	11.2	12.5	13.6

資料：Eurostat より筆者作成.

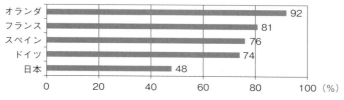

図 10-6　パートタイム時給のフルタイム時給に対する割合
注：パートタイム労働者とフルタイム労働者は、週当たり労働時間が 30
　　時間未満か否かを基準に区別している。
資料：日本銀行ワーキングペーパー『賃金はなぜ上がらなかったのか？』
　　を基に作成

高かったスペインが、非典型労働者に対する保護を強める政策および常用労働者の解雇規制を弱める政策を採ったことである。この政策がスペインのテンポラリー労働者比率低下に影響している。

　また、同様に留意すべき点は、オランダは、パート労働者比率が高いが、正社員とパート労働者間での処遇に差が少なく（図 10-6）、このことが、パートの労働参加率の高さに貢献している。正社員とパートの間に不合理な処遇格差がなければ働く側にとっても企業にとってもいずれかの選択にインセンティブは働かず、企業にとっては日本でいうところのパート労働者（欧米の Fixed-term Employees）を必要以上に優先して雇用する経済的（労務コスト等に関する）インセンティブはなくなる（日本はこの点において、実際にはそうではないので、代替可能な仕事であれば企業がパート労働者を優先して雇用するインセンティブが高い）。

第 6 節　非典型労働の保護の各国の特徴

　非典型労働者問題は、国際的にも社会問題として発生しており EU および各国はその対応を重要課題として取り組んでいる。この問題は言うまでもなくフルタイムのパーマネント労働者以外の労働者の労働条件が、差別的に低いことに端を発していた。EU での象徴的な取り組みに、パートタイム労働指令（1997/81/EC）[8]、有期労働指令（1999/70/EC）[9]、派遣労働指令（2008/104/

EC)[10] がある[11]。

　有期労働指令では、不利益取り扱いの禁止と濫用防止を定めている。これにより、いわゆるパート、アルバイト等の非典型労働者の理由のない差別を禁止するとともに、非典型労働制度の濫用防止（脱法的状態の発生の回避）を図っている。

　また、賃金格差是正の制度的取り組みを、最低賃金制度における最低賃金の状況を通してフルタイムとの比較でみる（表10-7）と、OECD の大陸諸国は相対的にその比率（対フルタイム比）が高いが、スペインはそうした中において比較すると低い傾向にある。一方、イギリス等アングロサクソン諸国はOECD21 カ国の中で低く、日本、スペインと同じ水準である。日本はその低さに関して下位から4 番目（フルタイム比28％）である（表10-7）。

　以下では、各国の雇用モデルの特徴と非典型労働者への政策的取り組みについて論じる。

表10-7　OECD 最低賃金比較（対フルタイム比）：2005 年

No.	国名（順位）	（％）	No.	国名（順位）	（％）	No.	国名（順位）	（％）
1	フランス（4/21）	47	3	イギリス（15/21）	35	5	アメリカ（17/21）	34
2	オランダ（5/21）	46	4	スペイン（16/21）	35	6	日本（18/21）	28

注：OECD21 カ国の平均は38％。
資料：OECD, 2007, "Minimum Wages, Minimum Labour Costs and The Tax Treatment of Low-wage Employment" を基に筆者作成。

1.　イ ギ リ ス

（1）　均等待遇実現の取り組み

　イギリスの全国最低賃金法（National Minimum Wage Act 1998）における最低賃金は、フルタイムの賃金と比較すると約35％（日本は約28％）で（表10-7）、日本と同様にOECD の中で相対的に低いが、経緯と実質的状況は大きく異なる。イギリスは、1993 年に保守党政権により最低賃金制度をいった

ん廃止したものの、1999年に労働党のブレア政権が全国最低賃金法で、公平公正な労働を目指し復活させた。ブレア政権は、規制緩和を推進すると同時に、社会の公平公正実現の整備にも取り組んだ。

　一方、日本では正社員を中心とした雇用社会モデルが前提であり、パート等は家計補助的役割を担ってきた歴史的な経緯があるため最低賃金は低い。日本の非典型労働者の賃金は、仕事の価値をベースに合理的に公平公正な判断により形成されたのではなく、そもそも家計の補助的位置づけにおいて形成された。

　そうした前提の違いばかりでなく日英で決定的に違うのはその実態である。雇用契約別にイギリスにおける時間当たりの平均収入を比較すると、期間に定めのない契約、常用雇用・臨時雇用契約、そして期間に定めのある契約間での時間当たりの平均収入の相対的な差は、最低賃金とフルタイム賃金との差ほどには大きくない点に留意しなければならない（表10-8）。

表10-8　雇用契約別　時間当たり平均収入（2006年）の比較

	①期間に定め無し Indefinite duration	②常用・臨時雇用契約 Permanent, temporary	③期間に定め有り Fixed-term
イギリス（Euro）	19.46	19.30	16.92
（％）	100.0	99.2	86.9

資料：eurostatから筆者作成

　なぜそうした違いが発生するかは、平等を担保する社会システム・社会規範に差がある点と、仕事の価値を合理的に判断して賃金を決定する方法に日本と差があるためである。イギリスでは平等を保障する社会システム・法律として平等賃金法（Equal Pay Act 1970）、有期契約労働者（不利益取扱防止）規則（Fixed-term Employees（Prevention of Less Favourable Treatment）Regulations 2002）、平等法（Equality Act 2010）[12] 等があり雇用等に関する契約の違いによる差別の発生を防止する仕組みが、レッセフェールの土壌の中で発達している。派遣労働者に対する均等処遇についても EU 派遣労働指令の国内法化が議論されていたが、2010年1月に派遣労働規則が成立（2011年10

月施行）し、勤続 12 週間で常用労働者と原則同等の労働条件が保護され、自由競争を原則としつつも社会的平等実現の取り組みがなされた。また、2017年 7 月の専門家提言[13]を基に政府は 2018 年 12 月の「Good Work Plan」で、さらに、同一労働同一賃金を徹底した。

　平等賃金法では、性別を理由に賃金やその他労働条件について不利益な取扱いを禁止し、性差別禁止法（Sex Discrimination Act 1975）等とともに補完的に運用されている。また、2010 年 4 月に成立した前述の平等法（Equality Act 2010）は、イギリスの平等社会実現の取り組みをさらに充実させるために、これまでの機会均等の保護規定を横断的に発展させた法律であるが、注目すべきは、年齢、性別、肌の色等による差別を概括的に禁止するに止まらず、具体的に 250 人以上の従業員を雇用する企業に、男女別の賃金格差に関する報告を義務づける等[14]、実態を変革させる取り組みが盛り込まれた点である。経緯としては、2010 年 5 月の総選挙後の保守連立政権下で同条の施行は見送られてしまったが、2017 年から施行[15]された。

　また、EU 指令に基づき国内法を整備した有期契約労働者（不利益取扱防止）規則は、具体的実施ポイントを明確にして、テンポラリー労働者のフルタイム労働者に対する均等待遇の実現を図っている。

　例えば、同規則第 2 条では、比較対象となる労働者（comparable permanent employee）を、「同一の経営者に雇用されていること」「原則同一の事業所で働いていること」「同一あるいはおおよそ類似の仕事についていること」、としてこの要件に該当する労働者を比較対象とすることを明確に示しテンポラリーに広く適用している。若干問題があるとすれば、同一労働同一賃金原則を適用する時、職域分離に伴う格差、差別問題に対応しにくい定義である点が懸念されるが、総合的な均等待遇の定着に大きく貢献できる制度である点が評価できる。

　加えて、同規則第 3 条（対象となるフルタイム労働者と比較して不利に扱われない権利）では、①勤続年数にかかわる事項、②教育訓練に関わる事項、③常勤の職を得ることに関わる事項（情報の提供を含む）、④比例原則の適用に関わる事項、の 4 つが定められており、均等待遇に欠かせない具体的重要事項

が明確にされている。

　さらに留意すべき点は、有期雇用労働者が常勤雇用に転換するための通算の雇用継続年数を規則第 4 条で 4 年間としている点である。また、雇用契約期間の偽装的な不連続問題を回避するために、雇用契約の終了と開始は客観的に明確化されなければならないとしている点（出口規制）も評価できる。

　日本では、改正労働契約法（2012 年公布）により、同第 18 条で、無期転換ルールや、同第 20 条で有期・無期契約労働者間の不合理な労働条件の相違禁止ルールが成立し、それまでの問題がいく分改善された。改正前は、契約の更新において、「有期労働契約の締結、更新及び雇止めに関する基準」（厚生労働省告示第 357 号 2003.10.22.）で、有期労働契約が 3 回以上更新されていたり、1 年を超えて継続して雇用されていたりする労働者等は、解雇の場合と同様、予告をしなければならないとし解雇手続きを定めてはいるものの、法律でいわゆるパート契約の更新回数、期間を制限してはいない [16) 問題点があったが改善された。これにより、それまで人事労務担当者の実務において、非典型労働者の更新に関する期待権の発生を回避する対応をとることが多かったがその実態の改善が期待された。しかし、改正後の新たな問題としての 2018 年問題は、無期転換を回避するための雇止め問題を発生させたところである。

　また、2018 年 7 月に「働き方改革を推進するための関係法律の整備に関する法律」が公布され、2020 年 4 月から「パートタイム・有期雇用労働法」が施行された。それまでは、改正前のパート労働法（2008 年 4 月 1 日施行）[17) が差別的取り扱いの禁止（均等待遇）を定めていたが厳格に適用されるのは、その適用者が正社員と同じ仕事についているだけでは認められず、契約期間が、「無期あるいは反復更新で無期」と同じでなければならないため、その対象者が極めて限定的であった [18)。そのため雇用形態による格差問題はその後も社会問題として大きくなっていった。2020 年の改正により、均等待遇の原則の実現が期待されるところである。

　均等待遇原則の浸透と出口規制の問題は今後も取り組まなければならない問題である。経営における人の集団のモラールはバランスの取れた社会関係が基礎となるが社会制度がそのバランスを崩す社会では個々の経営組織は長期的

な合理性を維持できない。

（２） 非典型労働制度の意義

１） 被用者（働く側）の視点

　被用者の視点から非典型労働制度の意義を捉えると、イギリスの非典型労働者が、自らの意思によりパートタイム労働を選択しているか否かは、雇用形態の多様化を論じる際に重要な視点である。この視点から捉えるとイギリスの場合（1994-2019）、パートタイム労働者のうち、文字通りパートタイムの就労を希望した者は平均で約71％で、一方、フルタイムに就きたかったが就けずにパートタイムに就いた者は約12％で、パートタイム制度の存在意義が感じられる（表10-9）。構造的には、経済活動が停滞するとフルタイムに就きたくても就けずにパートタイム就労をする割合が増加する傾向があることも事実である。

表10-9　パートタイム労働者のパートタイム希望の推移

項目	1994	1999	2004	2009	2014	2019
（A）パートタイム希望者（％）	73.0	73.0	73.5	68.4	68.4	72.2
（B）フルタイム希望者（％）	13.8	10.0	7.5	13.7	16.1	10.9
差（A-B）（％ポイント）	59.2	63.0	66.0	54.7	52.3	61.3

資料：LFS, UK を基に筆者作成

　また、イギリスのテンポラリー労働をみると、パートタイム労働の場合と異なりテンポラリーの希望者は少なく（表10-10）、平均で27.3％である。一方、常用労働への希望比率は多く（平均32.5％）、これはパートがフルタイムを希望する比率（平均12.0％）の2.7倍である。また、景気後退局面における差（A-B）を比較してみると、パートタイマー同様に、景気後退局面で希望に反した雇用形態での就労を余儀なくされる割合が増加するのが分かる。収益が悪化すると常用雇用が絞られることがその原因であるが、非典型労働者自体、雇用者数の5.9％と少ない点（表10-2）にも留意しなければならない[19]。

表10-10　テンポラリー労働者の常用への希望者の推移

(%)

項目	1994	1999	2004	2009	2014	2019
（A）テンポラリー希望者数	26.9	31.5	28.6	25.0	24.0	27.9
（B）常用労働の希望者数	43.3	33.8	24.2	34.4	33.8	25.4
差（A–B）（%ポイント）	−16.4	−2.3	4.4	−9.4	−9.8	2.5

資料：LFS, UK を基に筆者作成

　イギリスにおいては、被用者の視点から非典型労働をみると、常用雇用が主であるパートタイム制度は、働く者にとって働き方の多様性を選択できる手段として日本より、積極的に活用できるものの、テンポラリー労働（日本のパート制度）は、イギリスにおいても好んで選択されている雇用形態ではない（常用雇用へのステップ（待機）としての機能は一部果たしている）。被用者にとっては常用雇用か否かがやはり重要なポイントである。

2）雇用主（企業）の視点

　雇用主の視点から非典型労働をみると、雇用形態をフレキシブル化することによる企業活動の合理化が重要な視点であることが分かる。イギリスのアトキンソン（Atkinson, J.）は、企業活動にとって、国際競争が熾烈化する等により社会構造やマーケットが激変する環境下では、雇用形態の多様化戦略が必要であることを指摘し、労働力の量的柔軟性（numerical flexibility）・質的柔軟性（functional flexibility）・費用的柔軟性（financial flexibility）の視点から環境変化への迅速な対応が求められるとしている。加えて昨今では、一般的に臨時的柔軟性（temporal flexibility）の必要性も論じられるようになっている。その背景には、合理的・効率的な企業経営の指向があり、アウトソーシングや賃金の成果主義（賃金の変動費化）等も象徴的対応として挙げられる。

　こうした傾向は、商品・サービスがグローバル化した経済下において日本でも同様で、1995年に日経連は「雇用ポートフォリオ」（『新時代の「日本的経営」──挑戦すべき方向とその具体策』）を提唱し、企業を取り巻く国際的環境の変化が進行する中、日本的雇用社会モデルの変更を提唱した。すなわち、イエ説やムラ説の示す従来からの日本的経営を支える正社員による雇用モデル

を変更し、合理的視点から、長期蓄積能力活用型グループ、高度専門能力活用型グループそして雇用柔軟型グループのコンポジットによる雇用モデルの提唱である。そして、企業を取り巻く環境変化に合理的に対応するため、就業形態の多様化を促進させ、正社員、アルバイト・パートの他、契約社員、嘱託社員、派遣社員、テレワーカー、研修生、独立自営労働者等新たなカテゴリーを発達させた。換言すれば、雇用主は、組織構造が環境変化に適合すべく、その国における法規範、社会規範と相互関係を持ちながら、雇用形態・就業形態を合理的に選択し再構築して今日に至っているのである。

　イギリスとの比較において、日本の雇用主の合理的行動に差はない。日本がイギリスと異なっている点は、日本においては、経営組織体が共同体的機能組織として発達する中で表裏一体に形成された暗黙の保障関係（security）が経営と社会の基盤となっている点である。さらに、それを認識せずに、あたかも機能的側面と保障的側面が別々に機能しているとして、合理的側面のみ追求する点である。本来なら不可分な関係にある保障的側面をおろそかにすることは、長期的には全体の利益を失うことにつながってしまう点である。一方、ブレア政権は、規制緩和と同時に職場の公平公正を追求し、保守党は政権奪還後に平等法を成立させた。イギリスに限らずEUで評価されたデンマークのフレキシキュリティも経済的合理性と社会的合理性の両者のバランスを追求したものであった。

　日本は、合理的側面にのみ意識を向けるのでなく、従来の日本的モデルにおいて一体として機能していた保障的側面を、これまでどおり一体として運用するのか、それとも別建てにするのか、雇用主の立場においても議論をし、新たな日本型モデルへの転換の理念を明確にして制度構築を図らねばならない。

2．スペイン

　スペインの特徴として、テンポラリー労働者比率がパートタイム労働者比率より高く、労働市場が常用雇用とテンポラリーに2分されている点がある。一般的に、テンポラリー労働者、パートタイム労働者、常用労働者の関係を考え

ると、経営者にとって常用労働者の解雇規制が緩やかで、パートタイム労働者
やテンポラリー労働者の労務コストがフルタイム労働者の労務コストと比較し
てあまり差がなければ、フルタイム労働者をテンポラリー等への代替を促進す
るインセンティブは一般的に低い。しかし、逆にフルタイム労働者の解雇規制
が強かったりテンポラリーの労務コストが低く解雇規制が弱かったりすれば、
雇用調整のためにバッファーとしてテンポラリー労働者を雇用するインセン
ティブは高くなる[20]。しかし、これが行き過ぎると、差別や搾取等人権侵害
につながる。その是正のために一定程度の勤続年数を経たテンポラリー労働者
を常用労働者に転換させる制度等が必要になる。すなわち、ここでは2つの雇
用モデルをみることができる。1つは、常用労働者への緩やかな解雇規制と同
時に雇用形態等に関する機会均等促進モデルであり、もう1つは、常用雇用へ
の強い解雇規制と同時にテンポラリー労働者に対する常用雇用への転換を図る
モデルである。前者のモデルは、雇用流動化メカニズムが中心となった雇用モ
デルであり、後者は、常用雇用を中心に雇用バランスを考えるモデルである。
例えばイギリスは前者のモデルに属するが、オランダ、スペインは後者のモデル
に属する。そして、後者のモデルにおいては、常用労働者の働き方の多様性

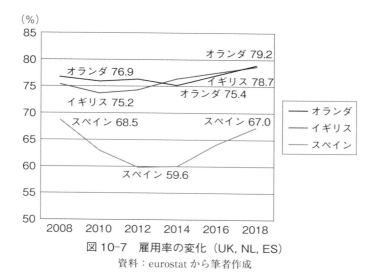

図 10-7　雇用率の変化（UK, NL, ES）

資料：eurostat から筆者作成

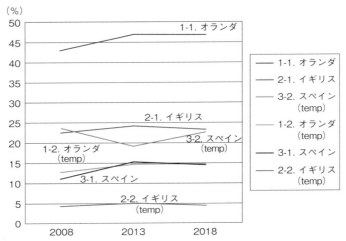

図 10-8　パートタイムおよびテンポラリー比率の推移（UK, NL, ES）
注：スペイン（Temp）は、スペインのテンポラリー労働者の比率
資料：eurostat から筆者作成

　の実現度合い、パートタイマー比率でさらに 2 段階に分類でき、スペインの
常用労働者（含、パート労働者）の働き方はオランダと比較すると硬直的であ
る点で異なる。

　また、スペインの最近の特徴は、政府の取り組みに反して、テンポラリー労
働者比率が増加している点と雇用調整に利用されている点である。具体的に雇
用率とテンポラリー労働者比率をみる（図 10-7・図 10-3）と 2000 年代後半
テンポラリー労働者比率（Temp）は減少傾向を示す中、パートタイム労働者
比率をみる（図 10-8）と増加している。しかし、2013 年前後から逆にテンポ
ラリー労働者比率（Temp）が増加しパートタイム労働者比率は減少に転じて
いる。この間、パートタイマーとテンポラリー間では代替関係が見られるとと
もに、政府の施策に反して、2013 年からはテンポラリーの利用が進んでいる。

　また、2000 年代後半からの経済環境悪化の中、スペインは契約更新に厳格
な規制を持つ[21]ため、当時、雇用期間を 1 年以内にする傾向が強く、有期雇
用契約期間が 6 ヵ月以内で約 75％、1 年以内で 90％を超える。このことは契

約期間終了後に再契約できないことにより結果として雇用調整が進んだ。しか
し、同時に当時の有期雇用を削減する雇用政策およびパートタイム労働をバッ
クアップする雇用政策がパートタイム労働者を増加させた。

　スペインは 1990 年代にテンポラリー比率を高め、2000 年代中盤にかけて
25％を超えて [22] 推移するようになったが、そこには当時の正社員中心主義か
らの雇用政策の転換があった。すなわち、当時、雇用契約原則を「期間の定め
のない雇用契約」としていたが、1982 年にゴンザレス政権が発足すると失業
率改善のために、1984 年に労働者憲章（Estatuto de los trabajadores）を改
正し、業務内容・契約目的をカテゴリー化して有期雇用契約が締結できるよう
にした。さらに 1994 年には常用雇用原則自体を同憲章から削除する改正を行っ
た。こうしたフルタイム雇用原則の修正や有期労働契約導入の促進により、非
典型労働政策が推進され失業率の改善を目指した。テンポラリー労働者の雇用
率の増加の視点からは、当時、常用労働者の解雇規制が強くその規制に比べて
テンポラリー労働者の保護規制が弱いと一般的にテンポラリー労働者の割合が
増加 [23] するという、まさに前述の「フルタイム労働者の解雇規制が強かった
りテンポラリーの労務コストが低く解雇規制が弱かったりすれば、雇用調整の
ためにバッファーとしてテンポラリー労働者を雇用するインセンティブは高く
なる」というメカニズムが現出され、テンポラリー比率を高く推移させるに至っ
た。

　しかし、1996 年の総選挙で発足したアスナル内閣では、1997 年以降の EU
での非典型労働者の保護政策の影響により、今度は、期間の定めのない雇用契
約の促進、パートタイム労働の安定性促進を図った。次いで、2004 年のサパ
テロ内閣ではソーシャル・ダイアログを重視し、有期雇用制度の濫用を防止す
る目標を盛り込んだ協定を、政労使間で締結した。テンポラリーが減少しパー
トタイマーが増加する傾向が後押しされた。しかし、その後、テンポラリーへ
の規制が緩やかになりテンポラリーが増加している。

　ここで特にテンポラリー [24] について留意すべき点は、脱法行為を防ぐため
に（有期雇用制度の濫用を防止のために）、有期雇用契約期間（出口規制）に
加えて類型化した業務内容を書面で明確（入口規制）にし、違反した場合は、

常用のフルタイム契約とみなすようにした点である。その他にも、常用雇用へ
の転化を促進させる取り組みを行った点である。

また、日本の有期契約労働者（2005 年）との比較で特徴的なのは、スペイ
ンのテンポラリー労働者の勤続期間は 1 年以内が 9 割弱であるが、日本は、1
年以下で、25％ほどであり、一方、1 年を超える割合がスペインの 11％であ
るのに比べて高い。日本も処遇格差が大きく労働市場での二重構造が問題と
なっているが、スペインに比べて出口規制が緩く、また、処遇格差が少ないオ
ランダと比べても緩く、当時の出口規制の問題点が分かる。

その後、この出口規制の問題に対して、日本では改正労働契約法（2012 年
公布）同第 18 条で、無期転換ルールにより原則 5 年の有期雇用契約は無期雇
用契約に転換するルールとなり、出口規制が強化されたが、一方で、前述のと
おり新たな雇止め問題が浮上している。また、「働き方改革を推進するための
関係法律の整備に関する法律」（2018 年公布）に基づき 2020 年 4 月から「パー
トタイム・有期雇用労働法」の施行により雇用形態にかかわりなく（パート労
働に就くものに女性が多い）均等処遇が促進されることになった。しかし、ス
ペインやオランダと比較しテンポラリーの勤続の長期化（表 10-11）が日本の
特徴でありその是正をしなければならない。

表 10-11 日本（短時間パート）とテンポラリーの勤続期間の比較 (％)

	スペイン			日本	オランダ		
	2001	2009	2019	2005	2001	2009	2019
6 か月以内	62.9	58.6	54.9	29.9	46.3	39.0	19.8
6 か月超 12 か月以内	26.0	31.0	33.4	45.4	32.4	40.8	68.0
（小計）	88.9	89.6	88.3	75.2	78.8	79.8	87.7
1 年超 2 年以内	5.2	4.1	3.2	10.3	12.7	13.0	7.4
2 年超 3 年以内	3.0	1.9	2.4	2.1	3.6	3.0	2.0
3 年超	2.9	4.4	6.2	12.3	5.0	4.2	2.9
（小計）	11.1	10.4	11.7	24.8	21.3	20.2	12.3

資料：Eurosta および「平成 17 年有期契約労働に関する実態調査」を基に筆者
作成

また、日本の雇用慣行は、これまで仕事基準を柱としてこなかったので、労働者の納得を得るためには、労働者に対して仕事の関わり方による処遇の説明が求められる点に今後は留意しなければならない。

3. オ ラ ン ダ

国際的にもポルダーモデルとして評価の高いオランダモデルは、ワークシェアリングの議論、規制緩和の議論、パートタイム労働の議論および雇用機会均等やワーク・ライフ・バランスの議論等において注目されてきた。ここではオランダモデルの根底に政労使の協調的合意と合意内容の実現を可能にしたパートタイム労働制度の発達（パートタイム労働者比率：2018 年 46.8％）およびテンポラリー労働について指摘したい。ここでは、ワークシェアリングの合意と実践を通して、機会均等の浸透、選択可能な働き方および納得性の高い雇用・労働システムの実現を可能にしたパートタイム労働制度に注目したい。

このパートタイム労働制度が発達する契機には、オランダの経済社会状況の変化がある。すなわち、資源国家として 1970 年代の北海海底の天然ガス開発に伴う収入 [25] により、一旦は充実した社会保障制度が整備されたが、天然ガスによる収益が激減すると、一転オランダ病と揶揄される構造的不況 [26] に陥ってしまった。こうした状況を打開するため、1982 年に政労使によるワッセナーでの合意により、協調的労使関係を構築することに成功し、パートタイム労働についてもそれ以降、労働組合も含めて積極的に導入していくことになった。こうした経済社会状況の変化がパートタイム労働制度が発展した背景としてある。

1993 年 1 月の労働法改正 [27] では、パートタイム労働者とフルタイム労働者の均等処遇が定められ、同年 7 月「パートタイマム労働の促進と労働時間編成の柔軟化に関する考察及び提言」で政労使が、① 使用者はフルタイム労働者のパートタイム労働への転換希望に同意すること、② パートタイム労働者は雇用の諸条件に関してフルタイム労働者と同等の扱いを受けること、の 2 点で合意した。これらの社会的合意の実効性の高さに裏づけされて、パートタイム

労働制度がオランダの雇用革命の根幹となっていることを改めて認識しなければならない。また、ワークシェアリングの浸透はパートタイム労働制度が発達した帰結でもある。

　翻って日本は、これまでの日本におけるワークシェアリングへの取り組みに象徴されるように、こうした社会的合意の形式的ポーズは取っているものの、実際の社会変革につながった合意としての規範はない。かつて景気後退局面で盛んに議論されたワークシェアリングの取り組み等は現在尻すぼみの状況で、社会の変革につながる気配はない。理由としては、国際的にいうパートタイム（part-time employee）労働あるいはテンポラリー（temporary employee）において、社会制度、社会保障、業務遂行のあり方の変革を通しての条件整備に目を向けないため、現状変革に至っていないことが挙げられる。

　例えば、オランダの取り組みをみると、1996年4月には、「柔軟化と安定化に関する政策提言」で雇用の多様化が促進されると同時に、同年には平等待遇法の改正により、実質的に有効な同一価値労働同一賃金原則に基づく、フルタイムおよびパートタイム労働者間の平等待遇が規定[28]された。これにより、労働時間の長短に関係なく賃金が支払われるという均等原則が法的にも整備され、同一の仕事であるならパートタイム労働者とフルタイム労働者が同一の時間給になり、均等待遇原則が法的にも整備された。他にも解雇規制、雇用保険、健康保険、年金の機会均等が整備されていったことについても留意しなければならない。こうした取り組みにより、必ずしもフルタイムに固執する必要はなく、むしろ、自分のライフスタイルに合わせた就労を選択できるようになり、生活や自己実現を重視する働き方が可能になった。雇用主にとってもフルタイム労働者に固執するインセンティブは薄れていった。

　一方、EUレベルでも、1997年6月に「パートタイム労働の枠組みに関する欧州合意」[29]でパートタイム労働者にフルタイム労働者と労働時間をベースに比例配分により同等の権利を保障し、さらに同年12月にはILO175条約を踏まえてパートタイム労働指令が成立した。加えて、オランダでは2000年に労働時間調整法[30]が制定され、労働者に労働時間数を増減する請求権を認めた。ライフスタイル等に合わせて働くことを権利として認めた点は時代を画す

る成果である。政労使合意のワッセナー合意後における、パートタイム制度を社会で実現するための継続的な取り組みの成果といえる。

　また、オランダのテンポラリー（Flexible worker）制度で特徴的な点は、まずその比率（2018 年 14.6%）[31] がスペインよりは低いが EU においては高いグループに属する。パートタイム労働者同様に均等待遇が保障されている点に留意しなければならない。しかし、テンポラリーの問題であるその立場が不安定な雇用であることには変わりはない。常用雇用労働者の解雇は、一般的に行政官庁の許可あるいは裁判所での手続きが必要であるが、フレキシブル・ワーカーはそうした厳格な手続きが必要でないため、その弱い立場を補うために、3 ヵ月未満の中断期間も含めて有期雇用の通算期間が 3 年を超える場合、あるいは、契約更新が 3 回以上の場合は期間の定めのない雇用契約とみなす（出口規制）ことにより保護を図っている [32]。

　オランダは、常用雇用（フルタイム・パートタイム）に対する厳格な解雇規制を持つ国であると同時に労働時間をフレキシブルに労働者が選択できる社会ルールを整備している国でもある。そうした社会を実現できたのも、政労使の社会的合意が実効性のある合意であった点を看過することはできない。

第 7 節　結　　論

　かつて社会関係の側面においても、また効率的側面においても、国際的に優れた雇用社会モデルとして位置づけられた日本の雇用システムとその一環である非典型労働者制度は、現在、人権的側面（均等待遇等）、ディーセント・ワークの側面、働き方の自由度の側面そして生産性の側面および社会的側面において問題の多い制度となっている。経営の人的側面において効率的であり社会的妥当性もあった日本的雇用システムは、社会の不安定性と職場の分断が危惧される状況となっている。

　これらの問題を解決するアプローチは、仕事内容（合理的基準）を通した契約時の規制や更新の通算期間の規制に加えて、抜本的に従来の日本的非典型労働制度を改革するといったスタンスから取り組まなければならない。本章での

比較研究からは、次の点が指摘できる。

① 　非典型労働者を含めた労働者の解雇規制においてイギリスモデルやデンマークモデルと同様に柔軟なモデルを指向するとともに、保護規制の再整備雇用のフレキシブル化（働き方や時間等の選択のフレキシブル化）を可能にする労働制度に脱皮するための取り組みをまず行わなければならない。

② 　日本の大半のパート労働者は国際的にみれば、テンポラリー労働者であってパートタイム労働者（part-time employee）ではない。それにもかかわらずパートと称されるのは、既述のとおりパートが日本的雇用慣行の中で捉えられているからである。しかし、従来の日本型モデルが崩壊する中で、国際的にも妥当な非典型労働制度に脱皮するには、EUで一般的であるような既述の同一価値労働同一賃金の基にパートタイムを常用雇用する制度として整備しなければならない [33]。

③ 　パートタイマー（part-time employee）労働者比率の高いオランダモデルに見られるように、常用雇用労働を時間的にフレキシブルにし、かつ同一価値労働同一賃金の基に均等待遇にする労働システムが日本の新時代のシステムには不可欠である。日本は、処遇格差是正はもとより同一価値労働同一賃金のもと、常用雇用のフレキシブル化のアプローチを推進しなければならない。フレキシキュリティ政策をとるデンマークとこの点は同じである。

④ 　EUでのパートタイマー（part-time employee）の発達と規制の基礎には仕事を基軸にした合理性のあるシステム整備がある。これに対して、日本は仕事を基軸とした雇用制度の発達がなく、組織における仕事（job）の明確化やその評価（evaluation）および仕事の分担や賃金差別の議論において、職務をベースとはしていない。グローバルに効率性が比較される時代においては、人権も含めた諸問題を検討するために仕事を基軸とした雇用社会システムを整備しなければならない。（この点は第Ⅱ部第12章で論じた裁量労働制でも同様である。

⑤ 　オランダモデルの成功の出発点には、政労使による形式的ではない実効

性ある合意（ワッセナー）があり、その合意がその後の制度設計と運用に反映されて推進された点に留意しなければならない。翻って日本は有効な合意形成がなされておらず、例えばワークシェアリングの不発達あるいはジョブシェアリングの不発達は、就業形態・雇用形態の硬直性（諸問題の発生）につながっている。生活の質の向上や選択の多様化あるいは労働市場のフレキシブル化や生産性向上の視点においても社会発展を阻害しており、この問題の解決には、日本での政労使の合意について強力なリーダーシップが発揮されなければならない。

　社会が高度化すれば個人の意識や活動は多様化する。その一方で、それを支える効率的側面を追求する生産性も無視はできない。二律背反の内容を持つ非典型労働制度が社会関係、経営関係において統合発展するには、上述の取り組みにより従来の日本型非典型労働制度（システム）の抜本改革を行い、パラダイムシフトした「社会・個人・組織の新たな関係」を新日本型モデルとして再構築しなければならないのである。

注

1)　本章は、2011、「わが国の非典型労働制度の課題：イギリス、オランダ、スペインからの示唆」『社会学部紀要』112 号、を発展させて論じた。

2)　同一労働異率賃金の社会といえる。

3)　Flexibility と Security による造語。デンマークで取り組まれた雇用の柔軟性と安定性の両方を追求する雇用政策の成功は EU 雇用戦略のモデルになっている。

4)　第 3 号被保険者制度も象徴的な制度である。男性稼ぎ主モデル（the male-breadwinner model）を維持する社会制度でもある。

5)　UK National Statistics, 2009, "Labour Market Statistics Concepts and Definitions".

6)　間宏、1978、『日本労務管理史研究』お茶の水書房および岩田龍子、1977、『日本的経営の編成原理』文眞堂など。

7)　Tony Blare, 1998, "Foreword", *Fairness at Work*, Department of Trade and Industry.

8)　Council Directive 97/81/EC of 15 December 1997 concerning the Framework Agreement on part-time work concluded by UNICE, CEEP and the ETUC

9)　Council Directive (EC) 99/70 *of* 28 June 1999 concerning the Framework Agreement on fixed term work conducted by ETUC, UNICR and CEEP (1999) OJL175/43

10)　Directive 2008/104/EC of the European Parliament and of the Council of 19

November 2008 on temporary agency work

11)　EU 指令は、各国へ国内法化を求めるが、実際の対応には各国の特徴が反映される。その背景には、各国における雇用・社会モデルの違いがある。

12)　2010 年 4 月 8 日に裁可された。

13)　Independent report: Good work: the Taylor review of modern working practices.

14)　Equality Act 2010 第 78 条では、男女別の賃金水準の公表を義務づけるための規則を担当大臣が作成できる。

15)　Equality Act 2010（Commencement No.11）Order 2016.

16)　労働契約法 17 条 2 項は、短期反復更新を避ける配慮義務を課している。

17)　「短時間労働者の雇用管理の改善等に関する法律」第 8 条

18)　事業主が講ずべき短時間労働者の雇用管理の改善等のための措置に関する指針（略称：パートタイム労働指針)」（平成 16 年 12 月 28 日厚生労働省告示第 456 号）

19)　イギリスの場合、独立自営労働者の比率が高いことにも留意が必要である。

20)　OECD, 2004, *OECD employment outlook* 2004.

21)　2006 年労働者憲章 15 条

22)　1985 年では約 15％でしかなかった。

23)　ETUI Benchmarking Working Europe 2009

24)　スペインの雇用契約の類型は、フルタイムおよびパートタイムの期間の定めのない雇用契約と期間に定めのある雇用契約であり、テンポラリーは後者に該当する。

25)　天然ガス価格の高騰による収入で、いわゆるウィンドフォール・プロフィット（不労所得）である。

26)　失業率は 1980 年代前半に約 12％にもなっている。(2009 年：3.7％)

27)　ILO では 1994 年にパート労働条約を採択している。

28)　労働時間差別禁止法：Wet onderscheid arbeidsduur.

29)　「欧州産業経営者連盟（UNICE)、欧州公共企業体センター（CFFP) および欧州労働組合総連合会（ETUC) により締結された。

30)　Wet Aanpassing Arbeidsduur.

31)　CBSStatLine（NDL）

32)　民法 第 668a 条で、最長限度 3 年を超えると最後の有期契約は期間の定めのない契約となる。また、3 回更新すると最後の有期契約は期間の定めのない契約となる。

33)　2020 施行の「短時間労働者及び有期雇用労働者の雇用管理の改善等に関する法律（パートタイム・有期雇用労働法)」の「均衡待遇」「均等待遇」の原則をさらに進めて欧米の同一価値労働同一賃金の原則に脱皮しなければならない。

第11章

研究者・技術者の活性化と日本的雇用システム[1]

第1節　はじめに

　第II部の冒頭に述べたように、近代社会のはじまりは、工場制機械工業における定型業務遂行を中心とする賃労働者により担われた。現在はイノベーションによる産業の高度化が求められるグローバルコンペティションの社会になっており、その社会を支える組織は、研究者・技術者の活躍が不可欠で、組織・集団の成員たる研究者・技術者の活性化が求められている。

　換言すると、国際競争が激化する中、少資源国の日本は、付加価値の創出による産業競争力の強化が必要である。その取り組みにおいて、イノベーションが重要な位置づけにあるのはいうまでもなく、その牽引者である研究者・技術者の活性化は最重要課題である。

　この重要性は各方面で指摘され、すでに2003年には、知的財産立国を目指して知的財産基本法が施行されている。同法第8条第2項では、「事業者は、発明者その他の創造的活動を行う者の職務がその重要性にふさわしい魅力あるものとなるよう、発明者その他の創造的活動を行う者の適切な処遇[2]の確保に努めるものとする。」と定められており、イノベーション展開のために研究者・技術者等の処遇管理の適正化が重要事項となっている。

　本章では、イノベーション実践において、その牽引役である企業内の「研究者・技術者および企画担当者等」の活性化を通して、より一層のイノベーションを図るために、日本の雇用システムをどのように変革させるべきかを研究

者・技術者と企業との関係において論じている。すなわち、近代社会がこれまで工業化社会として発展し、日本の雇用システム[3]もそれに適合して発展してきたが、ポスト工業化社会から情報化社会にシフトした現代において、今後、研究者・技術者の活性化に向けてどのように制度変革させるべきかについて論じている。

　議論の進め方として、これまで筆者が行ったヒアリング調査および4本の質問紙票による調査等を踏まえて検討する。具体的には、①「産業競争力強化に向けた雇用関係の在り方に関する調査、2002年」（以降、2002年企業調査）、②「（企業調査）企業と個人間のトラブル状況及びその解決方法に関する調査、2007年」（以降、2007年企業調査」、③「（社員調査）企業と個人間のトラブル状況及びその解決方法に関する調査、2007年」（以降、2007年社員調査）、④「（ケーススタディ）企画・開発・技術・研究者への調査、2008年」、（以降、2008年調査）、である。なお、各調査の詳細は章末に付している。

　2002年企業調査は、2002年3月時点で、東証1部、同外国部、同マザーズ、ナスダック・ジャパンに上場している1,601社から、電話調査により調査対象の「研究者・技術者」を雇用している企業797社に絞込み、実施した調査[4]（委託元：経済産業省、調査実施：日本総合研究所、調査票の設計・分析：筆者）である。

　2007年企業調査は、東証1部、大証1部、ジャスダック、マザーズ、ヘラクレスに上場している企業から無作為に抽出した企業700社に対し、2007年8月時点で実施した調査[5]（科研費調査）である。調査カテゴリーは、「人事労務管理の状況」（制度改定状況、コミュニケーション状況、企画・開発・技術・研究要員[6]に関する処遇・企業風土）、「改善要望・苦情の状況・処理方法」等である。

　2007年社員調査は、2007年企業調査の対象となった企業で働く社員を対象に、企業調査の対象企業に社員アンケート票を各1部送付し、当該企業から社員に配布して実施した調査（科研費調査）である。

　2008年調査は、これまで筆者が人事制度構築あるいは人事制度運用等に関わった企業から複線型人事制度[7]の導入が進んでいない12社を選び、2008年8月時点で、研究・技術・企画等の職務に就く社員を対象に留置き法により実

施した調査（科研費調査）である。各々の具体的調査方法は、資料1. 質問紙票調査概要、のとおりである。

　これらの調査を踏まえて、研究者・技術者等の視点から研究者・技術者と企業との関係において論じ、雇用システム改革について提言する。

第2節　日本の研究者・技術者の個別化と外的・内的報酬

1. 集団重視か個人重視か

　近代社会の特徴の1つはそれまでの時代に無かった賃金労働者とその社会階層の形成で、19世紀、20世紀を通して産業民主主義が社会に浸透していく中で多用な雇用関係と形態を生みながら各国で発展していった。しかし、その進行過程において各国における組織集団のあり方は一様ではなく、日本においては日本的雇用慣行が形成されたが、その前提となる社会環境自体も今日変容している。

　日本の雇用慣行は、これまでにも多くの指摘がなされ、国際的にみれば集団主義的傾向が強く、第Ⅰ部でも説明したが、その理論的説明としては、津田眞澂の共同生活体論[8]や間宏のイエ説[9]、岩田龍子のムラ説[10]、等がある。いずれも企業における社員と企業との関係について、集団的志向が強い点では同様の指摘をしている。また、本章で留意すべき点は、社員に対する企業内外の諸制度が、相互に関係して集団重視の職場風土を強める特徴を持っている点である。そして、集団的であるといった特徴は、工業化社会の生産現場のQCサークル活動では、均質・良質な物を収率良く生産することに寄与していた。

　日本の現在の雇用慣行の特徴を強めている社会制度（企業外制度）を具体的に述べれば、1つは、労働協約[11]の規範的効力が両面的に働くこと（有利性原則[12]）がある。そのため労働条件に関する社員の処遇を集団的に一定基準に収斂させる傾向[13]が生じる。一方、企業内制度で述べれば、弱まってきてはいるものの大企業のいわゆる同期入社管理や遅い昇進管理等は属性による集団管理のベースになっている。

　結果として、日本の研究者・技術者等は、他の職種とあまり変わらない原則、同じ制度を通して人事管理がされることが多い。制度的（システム的）には、前述の「知的財産基本法」第 8 条第 2 項にある「発明者その他の創造的活動を行う者の適切な処遇の確保」[14] の取り組みは積極的には実践されにくい環境下にある。

　このことを、2007 年企業調査の複線型人事制度の採用状況でみると、73.8％の企業が、研究者・技術者と他の職種間で処遇制度を変えることはしていない [15]（2002 年企業調査では、74.5％である）。これに対してアメリカ企業の研究者・技術者は、個別的な管理がなされることが一般的であり（榊原 1995）、日本とは大きく異なる。「発明者その他の創造的活動を行う者の適切な処遇の確保」とは、業績のある研究者・技術者等に対する個人重視の取り組み（確保）が求められることでもある。

　それでは、実際に日本の研究者・技術者等の職場風土は、集団重視か、個人重視か、について、いかなる状況であろうか。

表 11-1　2002 年企業調査と 2007 年企業調査の「集団重視度の比較

2002 調査（n=97）		2007 年調査（n=60）		P
M	SD	M	SD	
2.67	.886	3.35	.971	.000

注：p<.01

　この点を、2002 年企業調査と 2007 年企業調査で、5 年ほどの変化でみてみよう。各調査において、集団重視か個人重視かの質問を 5 点尺度 [16] により、それぞれその平均を求め t 検定 [17] を行った。2002 年企業調査の集団重視の平均は 2.67（表 11-1）であり、これに対して、2007 年調査の集団重視の平均は 3.35 で、有意差があり（p<.01）、個人重視に振れてきていることを示している。

　また、この傾向を、2002 年企業調査において、労組の有無別に個人重視の程度に関してカイ 2 乗検定（Fisher の直接法）を行うと、5％の有意水準で労組

の有る企業では労組のない企業と違って集団重視の考え方が強い（p=.021）（表11-2）。しかし、2007年企業調査で同様にカイ2乗検定を行っても有意差はなく（p=.219）、労組の有無に関係なく、個人重視の考え方が広まっていることが分かる（表11-3）。

表 11-2　2002 年企業調査の労組有無別の集団重視の状況

（選択肢）／（分類）		個人の重視度						計
		1.　集団を重視	2.　集団をやや重視	3.　どちらでもない	4.　個人をやや重視	5.　個人を重視	6.　不明／無回答	
労組の有無	1.　有	2	40	24	9	2	3	84
	2.　無	1	2	5	2	2	2	14
	計	3	42	29	11	4	5	94

注：.05＞p＝.021（Fisher's Exact Test）

表 11-3　2007 年企業調査の労組有無別の集団重視の状況

（選択肢）／（分類）		個人の重視度					計
		1.　個人を重視	2.　個人をやや重視	3.　どちらでもない	4.　集団をやや重視	5.　集団を重視	
労組の有無	1.　有	0	15	6	4	3	28
	2.　無	1	6	8	1	1	17
	計	1	21	14	5	4	45

注：.05＜p＝.219（Fisher's Exact Test）

　集団重視か個人重視か、についての日本における企業と社員との関係の大きなトレンドは、集団重視が薄まり、個人重視が濃くなってきている傾向にあり、この傾向は、2008年調査においても同様で、研究者・技術者等において個人重視の流れが加速している。

　この変化を促進させている背景の1つには、昨今の企業における経営政策がある。すなわち、1990年代アメリカの企業業績回復に伴うリストラ[18]（ホワイトカラー・リセッション、ジョブレス・リカヴァリー）と同様に、日本でも企業業績回復時にあっても労働者の所得が伸び悩む中、企業の採る業績主義による人件費流動化政策やリストラがあった。例えば、労働者の平均賃金[19]

2001年の371.5千円から2008年の371.7千円と横ばいだが、日本の実質GDP成長率は、2001年度に△0.8%[20]を記録した後は、上昇に転じ、また、企業業績（製造業）もV字回復したのである。

　日本の研究者・技術者等を取り巻くこうした状況は、個人重視の風土を強め、企業と研究者・技術者等との関係を、個人の能力やスキルを問う関係として、また自己の能力発揮をする場として、研究者・技術者等の個別化（個別的労使関係の胎動）を加速化させて今日に至っている。

2. 日本の研究者・技術者と業績主義

　2007年社員調査（事務職77.4%）で、一般的に業績主義の浸透度をみると業績主義を肯定する回答が、69.8%（表11-4）にものぼり広く浸透しているのが分かる。一方、個人を重んじる風土を肯定するのは30.2%（表11-4）しかなく、業績主義ほどには個人を重んじる風土は浸透していない。

表11-4　2007年社員調査「業績主義と個人重視の程度の比較」
　　　　（社員調査 Q6-1 と Q6-2）　　　　　　　　　　　　　　　（%）

選択肢	業績主義 Q6-1		個人重視 Q6-2	
1. そうである	22.6	69.8	5.7	30.2
2. ややそうである	47.2		24.5	
3. どちらともいえない	20.8	20.8	35.8	35.8
4. やや違う	3.8	9.5	26.4	33.9
5. 違う	5.7		7.5	

　この点について、5点尺度法により業績主義の程度をみると、回答の平均は、2.23（表11-5）で、これに対し、個人重視の程度の回答の平均は、3.06と差があり、t検定においても有意差が確認できる（$p < .01$）。

表 11-5　2007 年社員調査「業績主義重視と個人重視および
　　　　　個人実績重視」の比較

11-5-1　業績主義重視と個人重視の比較

2007 年社員調査（n=53）				
Q6-1 業績		Q6-2 個人重視		P
M	SD	M	SD	
2.23	.142	3.06	.141	.000

注：p＜.01

11-5-2　業績主義重視と個人実績重視の比較

2007 年社員調査（n=53）				
Q6-1 業績		Q6-5 個人実績		P
M	SD	M	SD	
2.23	.144	2.87	.167	.000

注：p＜.01

　しかし、2008 年調査（研究者・技術者等に対する調査）では、業績主義の
程度に関する回答の平均（表 11-6-1）が、2.66 で、一方、個人重視の程度に
関する回答の平均も 2.76 と t 検定でも有意差はなく（p＞.05）、2007 年社員調
査と結果は異なる。すなわち、研究者・技術者等においては、業績主義が浸透
しているのと同様に個人重視も浸透しているのである。

表 11-6　「2008 年調査（研究者・技術者等に対する調査）：業
　　　　　績主義・個人重視」と「2009 年調査（研究者・技術
　　　　　者等に対する調査）：業績主義・個人実績」の比較

11-6-1　業績主義重視と個人重視の比較（2008）

2008 年調査（研究者・技術者等に対する調査）（n=68）				
Q1（1）業績		Q1（2）個人重視		P
M	SD	M	SD	
2.66	1.087	2.76	.900	.382

注：p＞.05

11-6-2　業績主義重視と個人実績重視の比較（2008）

2008 年調査（研究者・技術者等に対する調査）（n=68）				
Q1（1）業績		Q1（7）個人実績		P
M	SD	M	SD	
2.66	1.087	3.18	1.145	.000

注：p＜.01

　この違いは、ひと口に業績主義とはいっても、その性質が大きく2分できることを意味している。1つは、前者のような集団重視型の業績主義であり、他の1つは、後者（研究者・技術者等）のような個人重視型の業績主義、であることを意味する。

　換言すると、研究者・技術者等にとっての業績主義は、集団的か個別的かに関して、個人重視型の業績主義であり、事務職種とは異なる。さらに言えば、研究者・技術者等においては、業績主義が進むことは、集団主義的な業績主義が進むのではなく、個人を重視した業績主義が進むことであり、いわゆる個別主義的業績主義が進行することである。すなわち、研究者・技術者等にとって業績主義とは、個別的な管理により実現される性質のものなのである（この違いが生じる要因の1つは、仕事の特性[21] が異なるからである）。

　また、業績主義の視点から留意すべきもう1つの点に、日本の研究者・技術者等は、一般的に業績主義が企業で進行してはいても、それほどには自分の実績により処遇が決まる、とは考えていない点がある。

　この点について、2008年調査をみると、自分の年収がどの程度、自分の実績で決まるか[22] についての回答の平均は、3.18であるが、業績主義の程度[23] についての回答の平均は2.66で、ｔ検定で有意差が確認できる（表11-6-2）。研究者・技術者等は、自分の属する職場が業績主義の風土である、と回答はしても、それと同様に自分の実績で自分の年収が決まるとは考えてはいない。

3.　研究者・技術者と報酬

　報酬には外的報酬と内的報酬があり、これらは研究者・技術者等のモラールに大きく関わるとの指摘（石田英夫 2000）や、研究者・技術者等が特に内的報酬（自己実現の満足度）を重視するとの指摘（Pelz and Andrews 1976）がある。研究者・技術者等と報酬の関係をモラールの視点から捉えれば、外的報酬と内的報酬が研究者・技術者等のモラールに影響を与えるとともに、特に内的報酬は大きな影響を与える。研究者・技術者において、金銭的報酬のみがモラールに影響を与えるというものではない、との先行研究が有力であるにしても、日本企業の一般的人事制度との関係で、現状はどうであろうか。

　この問題に関して、まず 2007 年社員調査[24]（事務職 77.4%）で、社員のモラールの高低別に、「本人の実績で年収が大半決まる方法」で処遇されている

表 11-7　2007 社員調査（社員一般対象）　Q6-6 モラールの高低別
　　　　　Q6-5 本人実績による年収決定の状況

（分類）	（選択肢）	Q6-5 実績で評価（社員一般対象）					
		1.　実績で決定	2.　実績でやや決定	3.　どちらでもない	4.　実績ではあまりない	5.　実績ではない	計
Q6-6 モラール	1.　高くなった	1	15	4	3	0	23
	5.　低くなった	2	2	1	3	3	11
	合計	3	17	5	6	3	34

注：.01＞p＝.008（Fisher's Exact Test）

表 11-8　2008 社員調査（研究者技術者等対象）　Q1（8）モラールの高低別
　　　　　Q1（7）　本人実績による年収決定の状況

（分類）	（選択肢）	Q1（7）本人実績で決定（研究者技術者等対象）					
		1.　実績で決定	2.　実績でやや決定	3.　どちらでもない	4.　実績ではあまりない	5.　実績ではない	計
Q1（8） モラール	1.　高くなった	2	10	7	3	4	26
	5.　低くなった	1	3	3	8	2	17
	合計	3	13	10	11	6	43

注：.05＜p＝.133（Fisher's Exact Test）

か否かについてカイ2乗検定を行い、モラールの高いグループとそうでないグループとを比較すると、自己の実績で年収が大半決まるか否か、について有意差（p＜.01）があることが分かる（表11-7）。モラールの高いグループは、自分の実績で年収が大半決まる方法により処遇される傾向がある。

　しかし、2008年調査を同様に研究者・技術者等のモラールの高低別に、本人の実績で年収が大半決まるか否かをみると、有意差（p＞.05）はない（表11-8）。

　研究者・技術者等のモラール（仕事への意欲）に関して、今回の調査（年収の決定方法との関係）では、その他の職種とは異なっており、結果として報酬の決定方法（本人の実績で年収が大半決まる方法）に強く影響されるものではないことが分かる。

第3節　研究者・技術者の苦情（要望）調整

1. 苦情とモラール（仕事への意欲）

　前項では、職種別にモラール、個別化、業績主義、報酬の決まり方等に関してその関係を論じたが、ここでは研究者・技術者等のモラール（仕事への意欲）と苦情の増減、との関係および苦情の特徴について検討する。

　2008年調査結果をみる（表11-9）と、苦情の増加が多いことがまず目につくが、苦情の増減別にモラール（仕事への意欲）の高低をみると、モラール（仕事への意欲）の高くなったグループは、苦情が減少していることが分かる。

　これをt検定すると有意差（p＜.05）がある（表11-10）。また、2007年調査でも同様に有意差が確認できる。

　それでは、研究者・技術者等の苦情の特徴はどのような点にあるのだろうか。2008年調査でみる（表11-11）と、研究者・技術者等の苦情の上位4項目は、人事考課、賃金、仕事の内容、上司の職場管理であるが、特徴的な点は、それらの具体的内容が、研究者・技術者等の職務（専門的個別的職務）の特性に求められる点である。

表 11-9　2008 年 Q1（8）モラール高低別 Q7 苦情の増減の状況

		Q7「改善要望・不満・苦情」の数の変化					
		1. かなり増加	2. 増加	3. 変化なし	4. 減少	5. かなり減少	計
Q1（8）仕事モラール変化	1. かなり高くなった	0	0	1	0	1	2
		0.0%	0.0%	50.0%	0.0%	50.0%	100.0%
	2. 高くなった	1	8	7	1	1	18
		5.6%	44.4%	38.9%	5.6%	5.6%	100.0%
	3. どちらとも言えない	0	9	17	0	0	26
		0.0%	34.6%	65.4%	0.0%	0.0%	100.0%
	4. 低くなった	2	4	6	2	0	14
		14.3%	28.6%	42.9%	14.3%	0.0%	100.0%
	5. かなり低くなった	3	1	1	0	0	5
		60.0%	20.0%	20.0%	0.0%	0.0%	100.0%
	合計	6	22	32	3	2	65
		9.2%	33.8%	49.2%	4.6%	3.1%	100.0%

表 11-10　2008 年調査 Q7「改善要望・不満・苦情」の数の変化

(n=68)

かなり増加		かなり減少		P
M	SD	M	SD	
4.17	1.169	1.50	0.707	0.025

注：p<.05

　2002 年企業調査では、研究者・技術者の転職・中途退職の原因を調べたが、どのような研究に従事するかが、転職・中途退職の大きな要因となっている（表 11-12）。さらに、仕事（研究）そのものか仕事の仕方（進め方）かを比較すると、「研究テーマの自由度が少ない」が「研究の進め方の裁量度が低い」を大きく上回っており、仕事（研究）そのものの本質に関わることが大きな要因となっていることが分かる[25]。

　また、日経エレクトロニクス[26]の電子技術者に対する 2001 年調査でも、「会社を辞めようと思ったことがある」と回答したのは全体の 77.6% にも上るが、そのうち、退職理由として最も多かったのは、「仕事の内容に不満がある」が59.6%、次いで「会社の将来に不安を覚えた」43.5%、「給料に不満があった」

表 11-11　2008 年調査　Q4 改善要望・不満・苦情

(M.A., N=75)

改善要望・不満・苦情の項目	回答者数	比率
1.　昇進・昇格	12	16.0%
2.　人事考課	19	25.3%
3.　労働時間（残業含む）	8	10.7%
4.　休日・休暇	9	12.0%
5.　賃金（月例給与・賞与など）	19	25.3%
6.　ライフ・ワーク・バランス	9	12.0%
7.　退職金	3	4.0%
8.　人事異動（出向・転籍含む）	6	8.0%
9.　解雇・退職勧奨	0	0.0%
10.　社内の人間関係（いじめを除く）	11	14.7%
11.　いじめ	1	1.3%
12.　男女の均等取扱い	1	1.3%
13.　セクシャル・ハラスメント	0	0.0%
14.　教育・訓練	11	14.7%
15.　上司の職場管理	15	20.0%
16.　仕事の内容	18	24.0%

表 11-12　2002 年企業調査 研究者・技術者の転職・中途退職者の原因

(M.A., N=94)

転職・途中退職者の原因	回答者数（人）	比率（%）
1.　技術者・研究社の年収水準が低い	24	25.5
2.　研究テーマの自由度が少ない	28	29.8
3.　研究の進め方の裁量度が低い	16	17.0
4.　人事異動・配属への不満	24	25.5
5.　優秀者の社内における位置づけへの不満	9	9.6
6.　コミュニケーション不足	22	23.4
7.　研究環境への不満	13	13.8
8.　福利厚生への不満	1	1.1
9.　会社の将来性への不安	36	38.3
10.　社会教育・研修制度への不満	1	1.1
11.　無回答・不明	13	13.8

36.1％である。やはり、同調査においても仕事に関わることが大きな要因であることが分かる。

　研究者・技術者等の仕事への意欲を高めるには、研究者・技術者等の苦情を調整することが必要であり、本人の研究・技術等（仕事）の内容と本人の考えている内容とのギャップを調整して本人の納得度を高めることが重要である。そして、この課題はどのように調整するか（調整の制約と調整の方法）の問題に他ならない。

2.　苦情調整時の相談先と有利性原則 [27)]

　研究者・技術者等は、実際に苦情・要望を調整する際に、どのように取り組むのであろうか。研究者・技術者等の相談先の特徴を検討するために、具体的に2008年調査で次のような事例を設定して回答を求めた。

　「自分の専門能力は会社業績にかなり貢献しているのに、その割には、仕事に対する評価（報酬やその他労働条件）が低いので、苦情を申し出た。しかし、会社は、私だけを特別扱いできない、として対応してくれない」という事例に対して、研究者・技術者等がどこに相談するかをみた（図11-1）。

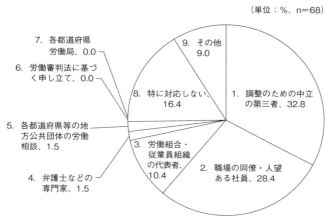

（単位：％、n=68）

7. 各都道府県労働局、0.0
6. 労働審判法に基づく申し立て、0.0
5. 各都道府県等の地方公共団体の労働相談、1.5
4. 弁護士などの専門家、1.5
3. 労働組合・従業員組織の代表者、10.4
8. 特に対応しない、16.4
9. その他 9.0
1. 調整のための中立の第三者、32.8
2. 職場の同僚・人望ある社員、28.4

図11-1　2008年調査　研究者・技術者等の相談窓口

結果は、「中立的第三者」と「職場の同僚や人望の厚い社員」、が多く、次いで、「対応しない」、になっており（図11-1）、「労働組合や従業員組織の代表者」、はそれより少ない（なお、同調査における、労働組合が有る比率は82.0%である）。

研究者・技術者等は、この種の問題を調整する時、インフォーマルな調整方法として「職場の同僚や人望の厚い社員」を、そして制度的な調整方法として「中立的第三者」を多くが選択し、「労働組合や従業員組織の代表者」を積極的には選択してはいない点（「特に対応しない」、よりも少ない点）に留意しなければならない。いうまでもなく、民間企業の労働組合は、憲法第28条で労働3権が保障され、加えて、法内組合は労組法により不当労働行為の救済が受けることができ強い位置づけにある。

一方、同じような質問[28]に対して、企業が研究者・技術者等の苦情をどのように調整しようとするかを検討するために、2007年企業調査の研究者・技術者等（企画要員等）の苦情に対する相談窓口をみる（図11-2）と、「労働組合や従業員組織の代表者」が多く、企業は彼らを活用しようと考えている点で、研究者・技術者等の取り組み方とは大きく異なる。

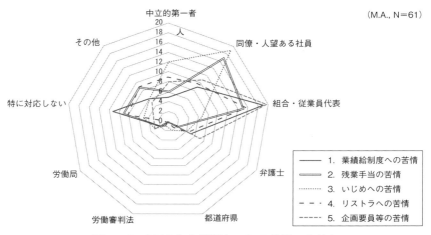

図11-2 2007年企業調査 Q15 苦情への対応

　企業が考えるこうした調整方法（集団的労使関係による調整）は、研究者・技術者等にとっては、既述の選択動向のとおり不人気のようである。理由としては、研究者・技術者の個別的な問題をバックアップできる組織や人を求めているからである。

　このことは、研究者・技術者等の苦情調整をする場合、集団型の調整なのか個人型の調整なのかの問題について、個人型の調整を重視する考え方（有利性原則を肯定する考え方）を認めることが必要であることを示す。その際、考えなければならないのは、有利性原則を否定する法的規範との関係である。これについては、有利性原則を否定するような規範的効力を認めることができないと判断されるべき場合があることが指摘[29]されている。

　すなわち、現状を改革するには単に相談窓口の問題だけでなく、現状を生じさせる根源的ルール・制約（法的規範のあり方）の改革が必要であり、具体的には、有利性原則が肯定される場合の対象や条件等を広げ、特に非組合員になる前の若手の研究者・技術者等に対しての有利性原則肯定の適応を考えることが必要である。

3.　苦情調整と中立的第三者

　苦情調整方法を概括的に分類すると、「フォーマルな調整方法」と「インフォーマルな調整方法」とに分類できる。そして、「労働組合や従業員組織の代表者」や「中立的第三者」による調整は前者に分類でき、「職場の同僚や人望の厚い社員」による調整は後者に分類できる。

　2007年企業調査において、「研究者・技術者等の苦情」以外の、業績給の苦情[30]、残業手当の苦情、いじめの苦情、リストラの苦情も含めて相談先を比較すると、いじめの苦情は「職場の同僚や人望の厚い社員」（インフォーマルな調整方法）が中心に対応されているが、業績給の苦情およびリストラの苦情は「労働組合や従業員組織の代表者」（フォーマルな調整方法）が中心になって対応されている。

　一方、残業手当の苦情は、「職場の同僚や人望の厚い社員」が多いものの、

「労働組合や従業員組織の代表者」も多く、この種の問題が2つの領域から調整されていることを示している。フォーマルな調整の極右は司法判定であるし、インフォーマルな調整の極左は仲間内での調整である。なお、研究者・技術者等の苦情の特徴の1つに、残業に関わる苦情が相対的に少ないことがあり、時間を気にせず研究・開発等に取り組む研究者・技術者像が窺われる[31]。

　また、こうした分類において、研究者・技術者等の苦情を構造的にみれば、残業の苦情窓口が2本立てになっているのと同様に、インフォーマルな段階での苦情調整とそれがうまくいかなかった場合のフォーマルな段階での苦情調整の重層的な対応になっているのが分かる（図11-2）。

　相対的に事務・営業職に多い残業の苦情を例にその調整フローを述べれば、労働時間あるいは残業手当の問題として、まずインフォーマルな段階で調整が試みられ、そこで調整できなかった場合にフォーマルな段階（労働組合、労働センター、労働局、労働審判制度等）に進むことが想定できる。研究者・技術者等の場合も、このような重層的フローを利用できればよいのであるが、研究者・技術者等はその職務が専門的で個別化が進む特徴があり、従来からの集団的調整システムだけでは限界がある。

　今後、研究者・技術者等の苦情調整を効果的なものにするには、研究者・技術者等の特有の個別的問題を調整する制度的システムが必要であり、従来からの集団的調整システム（労組等による対応）が機能しにくくなっている点を認識する必要がある。すなわち、企業側は、従来型の集団的調整システムに頼らざるをえなくなっている点、および法的規範が集団的調整に厚すぎる点を再認識する必要がある。加えて、研究者・技術者等は、中立的第三者を核にした調整システムを期待している点、およびフォーマル、インフォーマルの重層的な調整アプローチを望んでいる点に留意して改革に取り組まなければならない。

第4節　研究者・技術者の交渉と社会制度

1. 調整・交渉モデルと今後の動向

　従来の集団的労使関係においては、個人が企業と交渉をすることは想定されておらず、協約適用者の労働条件等は、労働協約の基準に収斂される[32]。一方、研究者・技術者等の企業との関係が、集団的労使関係から個別的労使関係へと変化している点については第2節で述べたとおりである。しかし、日本の調整システムは、有利性原則の両面的効力にみられるように、構造的には集団的労使関係の枠組みの中で個別的な問題も調整されるシステムである。

　こうした中、新たに表出してきた研究者・技術者雇用モデルを、交渉の視点から具体的に表せば、次の3つのモデルの中の第2・第3のモデルとして把握でき、これらのモデルの特徴は、個別的労使関係が基礎になっている点である（図11-3）。

　モデル1：伝統的モデル（Few Complaints based on Life Time Employment.）
　モデル2：退職後交渉モデル（Few Complaints but Suits after retirement.）
　モデル3：交渉・訴訟モデル（Non-Life Time Employment and Suits.）

図11-3　研究者・技術者等の調整・交渉の3モデルと今後の展開
資料：筆者作成

　すなわち、モデル1[35]は集団的労使関係が強い伝統的モデル（終身雇用的モデル）、モデル2[33]は退職後交渉モデル（終身雇用＋訴訟モデル）、モデル3[34]

は交渉・訴訟モデル（非終身雇用モデル）である。

　モデル１は、組合員である限り、労働協約の基準に従うモデルで、日本の一般的労使関係の中で両者の調整がなされるモデルである。日本企業の研究者・技術者等の多くはこのモデルである（2008年調査は、このモデルに属する企業を対象にした調査である）。

　モデル２は、入社後組合員として労働協約の適用を受け、管理専門職を経てリタイア後に特許訴訟等を提訴するモデルで、退職等で企業との関係が弱くなるまでは、日本的雇用システム（モデル１）で処遇されているが、いったん関係が薄くなるとその時点で提訴するモデルである。

　モデル３は、訴訟モデルで、潜在的には終身雇用関係ではなく、個人が企業と交渉を行うモデルで、交渉に至るケースとしては、①企業内交渉で交渉が決裂し提訴する場合（雇用契約関係がある場合の多くは同時に契約関係の終了・転職等）や、②共同開発等の場合等がある。他に、③雇用関係にないケースがある。研究者・技術者と企業・組織との関係においては今後増加する関係である（2020年6月5日現在で、一例を挙げれば、共同で特許取得したガン免疫薬の対価に関する研究者と企業との特許紛争がある）。

　これら3つのモデルは、「どのような交渉」を、「どの段階」で行うか、において、異なるモデルであるが、従来の日本的雇用慣行下に現在もある中、働く側の納得をどのように図るかが重要なポイントである点では共通している。

　また、これら3つのモデルを、対立調整の3段階として把握しなおすと、第1のモデルは、企業内でのインフォーマルな取り組みおよび企業制度を通しての調整を目指す「企業内調整モデル」、第2のモデルは、第1のモデルと第3のモデルの両面を持つモデルで「企業内＋企業外の調整モデル」、第3モデルは、調停や仲裁および法的処理を伴う「企業外調整モデル」、である。

　職務発明に関して、2004年と2015年には特許法が改正されているが、2004年改正のように職務発明の対価の額の決定について同法による法的解決のみを目指すのであれば、それはこの第3モデルに該当する。なお、対価の額の決定では、後述のとおり当事者間の合意とそのプロセスが重視されるようになったが、研究者・技術者等が案じているのは、まさに調整・交渉時の対等性の問題

である。2004 年改正当時の社団法人発明協会の調査[36] をみると、研究者個人が企業と自由に交渉・調整をする場合、研究者の最大の関心事項は、「労使が対等に交渉できる環境整備」や「交渉力の差」である。これらの点については今も同様である。

　また、対立あるいは紛争の実態・実情は、一方向かつ直線的に 3 区分できるものではなく、各フェーズが相互に影響し合っており、当事者が何を優先させるかの動向によって各フェーズ間の相互関係のあり方も異なる。当事者が、交渉過程（広く捉えるとコミュニケーション過程）を優先させようとしているのか、そうではなく自己に有利な判定（仲裁裁定や判決等）を優先させようとしているのか、により調整の仕方は異なる。現在、量的にはモデル 1 が大半であるが、昨今の特徴はモデル 2 およびモデル 3 の増加（予備軍の増加）として捉えることができる（図 11-3）。

2. 職務発明の対価にみる調整・交渉の考え方と今後の方策

　前項では、研究者・技術者等の苦情調整方法、調整の制約および交渉モデル等を論じたが、ここでは、典型的な外的報酬である特許法第 35 条に関わる職務発明の対価についての調整のあり方を論じる。その特徴として、①企業外での調整であってもやはり双方の合意が重視されている点と②合意に至るプロセスにおいてのサポート機能および企業内調整が重要である点、の 2 点を指摘したい。

　既述のとおり、職務発明に関しては 2004 年そして 2015 年に特許法が改正されたが、改正における重要な論点に、職務発明の対価の決定というの問題があり、2004 年改正当時の産業構造審議会の知的財産政策部会の特許小委員会で、この点について検討がされた。

　職務発明の対価の決定は、一旦訴訟として提起されれば、前述のモデルで言えば、モデル 2 あるいはモデル 3 のケースになるが、その前段には、訴訟に至る前のモデル 1 およびそれに準じた状況がある。これらのモデルに共通しているのは提訴の有無に関わりなく双方の合意形成が重視されている点で、その経

緯と状況が対価の決定において正当性の根拠になっている点である。

　すなわち、特許小委員会での議論で留意すべき点は、対価決定の根拠が「プロセス審査論」に基づいている点で、対価の額が労使間（当事者間）で納得できる手続きを経て決まったのであれば、その額を尊重する、というものである。対価の絶対的合理性というより、手続きのあり方 [37) に重点がある。

　2003年3月の第7回特許制度小委員会から特に議論が重ねられ、同年12月の『特許制度小委員会報告書：職務発明制度の在り方について（案）』の「第3節　職務発明に係る権利の承継があった場合の対価の決定について」では、「権利の承継があった場合の対価の決定が、使用者等と従業者等との立場の相違にかんがみて不合理でなければ、その決定された「対価」を尊重するべきである」「不合理性の判断においては、使用者等と従業者等との間での決定の自主性を尊重することの重要性に鑑み、対価の決定の手続面を重視するべきである」等とされた。「適正額基準」に基づく対価の額の決定方式 [38) ではなく、その決定については当事者間の自主性を尊重する、として、対価決定のその手続きを重視しているのである。この考え方は、その後も同様で、ある意味、日本的に合意形成が重視されているといえるし、日本的労使間における合意形成が重視されているといえる。

　結局、改正特許法「第35条の4」で、「契約、勤務規則その他の定めにおいて前項の対価について定める場合には、対価を決定するための基準の策定に際して使用者等と従業者等との間で行われる協議の状況、策定された当該基準の開示の状況、対価の額の算定について行われる従業者等からの意見の聴取の状況等を考慮して、その定めたところにより対価を支払うことが不合理と認められるものであつてはならない」（傍点筆者）と2004年改正において定められ、今日に至っている。

　しかし、本質的な問題（すなわち、実際上、労使（当事者）間で、労使対等の原則に則って、加えて合理的妥当性の基準をベースに実践するかの制度上（システム上）の問題は旧来のままである。相当の対価決定の考え方は明確になったが、合理的妥当性の基準を加えていかに実践していくかの視点は不明瞭である。前述のとおり集団的労使関係における合意を尊重する一般的原則だけ

では問題の抜本的解決にはならない。この問題は、単に特許の対価決定問題に止まらず、個別化していく研究者・技術者等と企業との関係において、知識・情報社会に適応できる新たな関係調整システム構築といった、新時代を支える制度的インフラ整備の問題である。このことは次章の裁量労働や高プロ制度にも構造的には同様な問題である。

　2003年5月7日衆議院経済産業委員会で、「職務発明については、事例集の作成等により企業における職務発明規定の整備を促進すること。その際、労働協約が職務発明規定を定める有力な方策の1つであることに鑑み、事例集の策定に当たりこの点を反映すること」等が、附帯決議されたが、戦後企業別労働組合においてブルーカラーとホワイトカラーの別なく、また有利性の原則を否定する中で発展してきた集団的労使関係において、職種別的労働協約の締結と実践は容易ではない。加えて、前述の研究者・技術者等の苦情調整窓口の調査でも、中立的第三者の方が、労組のサポート等への期待より多く、研究者・技術者等は従来の集団的労使交渉システムに代わる新たなサポートシステムを望んでいる。

　知識・情報社会に適応できる新たな関係調整システム構築といった課題への対応は、特許における対価決定の問題に限らず、研究者・技術者等の成果（仕事）が個別的な性格を有することが問題の本質であるので、現在のシステム（例えば有利性原則を認めない規範等）のみではカヴァーしきれないのであり、新時代での関係調整がスムーズにできるシステム（個別的労使交渉をバックアップするシステム等）が必要になる。なお、個別労働紛争については第13章で論じる。

第5節　研究者・技術者と人事制度

1.　労働協約と複線型人事制度

　労働協約と就業規則は、研究者・技術者等に人事管理上、大きな影響を与える規範である。すなわち、労働協約の第一義的役割は、労使の合意に基づく労働条件の明確化であり、その規範的効力において直接に労働者と使用者を規律する。そして、労使対等の交渉と合意のために、労組法は不当労働行為の救済システムを用意している。社会権としての生存権、労働の権利や労働条件についての権利等は、国際人権規約 A 規約および B 規約や ILO 条約等において認められた権利であり、日本も同規約 A 規約および B 規約を批准している。

　これらの点は他の先進国でも同様であるが、日本の特徴は、カンパニー・ユニオンという言葉に象徴されるように、企業別労組であって、職種別労組ではない。戦後の人事管理は、いわゆるブルーカラーとホワイトカラーを人事制度上区別せず、まして研究者・技術者等とその他の職種を分けて考えることはせず、原則一体的に進めてきた。そのため、例えば、定期昇給（定昇）は、職種別賃金テーブルにより運用されるのではなく、同一賃金テーブルで運用されるのが一般的であった。複線型の人事制度の採用状況も前述のとおり、同制度を採用していない企業が大半である。このように、労働協約の両面的規範的効力も含めて一体的な運用を考えると、研究者・技術者等は、個別化を実践しにくい風土および制度下にあるといえる。

　しかしそうした状況にはあるが、2002 年企業調査および 2007 年企業調査で、複線型の人事制度の導入状況別に本人実績による年収の決定状況について、クロス集計をすると複線型人事制度導入企業においては、本人実績に基づく年収決定がなされる傾向がある[39]。また、外発的動機付け要因と期待度の相関についての研究で、業績の高い研究開発技術者は事務系の同期入社者との比較において処遇が高いことが、期待度を高めている、との指摘（開本 2006）があり、個別的管理を制度的に導入・実践する場合、複線型人事制度は、どの

程度を個人実績に基づいて処遇するかの検討も含めて、重要なアプローチの 1 つになる。

2. 若手の研究者・技術者と年功的人事制度

　日本の企業と社員との関係は、国際的にみれば、雇用関係・労働関係の法制度・社会制度を抜本的には変えずに、雇用・労働の実態を大きく変えてきた点に特色がある。時代の変化を柔軟な運用でカヴァーしてきたともいえる。確かに、日本は労働協約や就業規則に関する社会的ルールを抜本的に変更[40]することなく今日の業績主義を広く浸透させている。国際的にみても珍しいケースである[41]。

　しかし、ここで問題になるのは、日本の雇用慣行の全体をみればその実態を変えてきたとはいっても、やはり構造的に改革されていないため重要な領域に限界がある点である。例えば、若手の研究者・技術者等は、今なお旧来の年功的人事管理制度および画一的集団的人事管理制度の影響を構造的に強く受けている。

　具体的に述べると、社員は管理職等（非組合員）になるまでは組合員として同じ労働協約の適応を受けることが多く、研究者・技術者等のみ特別な処遇を受けるべく特段の協定を結ぶケースは稀で、一般的には職種に関係なく基本的な労働条件について、同一労働組合員は同一の労働協約が適用されることがほとんどである。そのため、企業の個別的な処遇管理は若手の研究者・技術者等には及びにくい。

　この点を、企業の重視度と研究者・技術者等の重視度とを比較した調査（福谷 1996）において、「給与・昇給の重視度ギャップ」と「ボーナスや個人報償金の重視度ギャップ」についてみると、35 歳未満は共通して、研究者・技術者等の「給与・昇給」「ボーナス・個人報償金」各項目についての重視度が企業の重視度を上回っており、不満を持っている。

　この問題を解決しようとすれば、これまで特に管理・専門職層（非組合員）に対して業績主義の導入を推進してきたのと同じように、若手の（組合員の）

研究者・技術者等に対しても業績主義を導入していかなければならない。しかし、企業にとって労使関係の安定化は、企業経営において不可欠な要件であり、労使関係の不安定化を招く取り組みは敬遠される。前述のように企業の取り組みは、原則、組合員の研究者・技術者等の労働条件を特別視するものではない。

3. 人事制度改革の方向性

研究者・技術者等を取り巻く環境は、雇用の多様化は進んできたものの、日本での開業率は高くはない。若手の研究者・技術者等に、起業しろ、あるいは自分にあった会社を探せ、といっても、現実には難しい。2002年企業調査、2008年調査において、この種の質問への回答をみると、起業が成功すると考えている割合は、それぞれ1.0%、10.3%、成功しないと思っている割合は57.9%、44.1%であり、いずれの調査でも、成功する可能性は低いと考えている。

また、経営側においても、1995年に日経連の「新日本的経営システム等研究プロジェクト報告」で提唱された雇用ポートフォリオ論[42]をみると、従来と比較し雇用のあり方の多様化を唱えたが、25年経過した現在、非典型労働が4割近くに増加している（第Ⅱ部第10章参照）。しかし、その一方では、基幹社員はやはり従来通りの長期雇用が前提になっており、長期雇用の基幹社員としての転職は難しい。

また、昨今、AI技術者、SE技術者の不足は単に数的不足だけではない。高度な技術が要求されており、過去のような一般的能力だけでは企業活動が展開できない時代になってきているからである。こうした状況は、昔ながらの職能資格人事制度や仕事の特性をあまり考慮していない労働協約、および仕事区分を明確にしていない一律的な就業規則では、優秀な若手の研究者・技術者等の活躍を後押しできないことを意味する。これからの時代では、若手も含めた研究者・技術者等の個別化に対応できる人事管理制度に改革することが必要であり、次の3つのカテゴリーからのアプローチが考えられる。

　1つ目は、（労働組合がある場合は）労組の理解を得て、研究者・技術者等を対象とする人事制度を構築していく方法（例えば、複線型人事管理制度の導入）、2つ目は、かつてのオーストラリアのAWAs等のように、法律により労働協約から離脱して個別契約ができるように法制度を改革する方法[43]、3つ目は、経営権の問題として労使協議事項とはせずに改革する方法（別会社化する方法等）である。

　これら3つのカテゴリーが考えられるが、実際上は、1つ目のカテゴリーにより、状況と内容、程度を斟酌しつつ、構造的に改革するとともに、苦情（要望）の調整・交渉が建設的に普段から行われる制度構築するのが現実的である。この対応により組合員であることが多い若手の研究者・技術者に時代に合った制度の創設と適用が可能となる。

第6節　結　　論

　日本も企業と社員との関係（実態）が大きく変化している。企業と社員との関係変化を、研究者・技術者等の視点から、筆者のこれまでの調査を基に一言で言えば、それは個別化である。しかし、これまで労使関係の規律を時代変化に適応させるための抜本改革はなされていない。ルールに大きな変化がなくとも、実態が変化するという日本的な対応が進む中で、非典型労働者問題等諸問題が発生しその限界も明らかになっている。従来からの集団主義的制度が新時代では重荷になっているが、労組法等法規範の時代に合った改革がなく今日に至っている。この問題は、新時代を切り開く若手の研究者・技術者と企業との関係において既述のとおりのギャップとして表れている。

　また、研究者・技術者等の活性化には、仕事（研究や開発そのものに関わる内容）について、本人と企業間での調整（納得・合意）が重要である。それは、企業内の問題に止まらず、特許に関わる対価の決定においても同様である。当事者間の納得を高められずして研究者・技術者等のモラールアップは図れない。

　研究者・技術者等の活性化には、新時代に適合する調整・交渉制度（シス

テム）構築が不可欠で、従来からの集団的労使関係によるサポートだけではな
く、新たなサポート方法（例えば中立的第三者等によるサポート）とそれを支
える制度が今後さらに重要になる。

　すなわち、これまで企業別集団主義の中で、研究者・技術者等の問題も含
めてあらゆる問題を調整してきた日本の同質的な社会・企業制度は、イノベー
ションを重視した商品・サービスの提供が求められる知識社会・情報社会にお
いて、その社会の核となってイノベーションを推進していく社員群に標準を合
わせた雇用システムへの転換が必要な段階に差し掛かっている。

　研究者・技術者等が、本質的には個別化していることをふまえると、その雇
用システムの基礎には、これまでの集団的雇用関係ルールのみではなく、個別
的な管理ができるルールが必要である。例えば、業績のある研究者・技術者等
には有利性原則を肯定するといった見直しや、調整方法としての中立的第三者
機能の導入、そして複線型人事管理制度の導入、等新たな取り組みが必要であ
る。これらのことは、特許の対価の決定プロセスを研究者・技術者等がより納
得できるものにすることにも繋がる。付加価値が求められる新時代においても
新たな発展を遂げるには、これまでの雇用システムは、日本的集団主義システ
ムから日本的集団個別主義ともいうべきシステムへの質的転換（制度のパラダ
イム・シフト）が図られ、知識・情報社会に適合できる、新たな日本型雇用シ
ステムとして生まれ変わらなければならない。

注
1)　本章は、第4回政策メッセ優秀論文賞（政策分析ネットワーク）を受賞した論文『研究
　　者・技術者の雇用管理―雇用管理システムの視点から』（2003）に、その後　実施した調査
　　データを加え発展させて論じた。また、本章は、日本学術振興会・科学研究費補助金「個
　　別的労使関係の研究 ― 従業員個人と企業間・従業員同士の新たな調整システムの研究 ― 」
　　（2006 ～ 2008年度）および「技術者・研究者等の活性化のための新たな組織均衡／調整シ
　　ステム構築に関する調査研究」（2010 ～ 2012年度）における研究成果の一部を含んでおり、
　　日本学術振興会に謝意を表する。
2)　処遇とは、職務発明の対価をどのように決定するかの問題（外的報酬）から企業内での処
　　遇（外的報酬としての賃金や内的報酬としての名誉等）をどのようにするかの問題までその

範囲は広い。

3)　アベグレンは、1958 年版『日本の経営』において、日本の雇用システムが終身雇用と年功賃金制に特徴があることを指摘した上で否定的な評価をしたが、改訂版（1974 年）では肯定的評価に改めた。また、OECD 視察団は、1973 年に、特徴として企業別組合を加えて評価すると共に、1977 年にはさらに、日本的企業内規範についても指摘して評価した。

4)　㈱日本総合研究所、2002、『産業競争力強化に向けた雇用 関係の在り方に関する調査研究』（経済産業省委託調査）。

5)　野瀬正治、2007、『企業と個人間のトラブル状況及びその解決方法に関する調査報告書』科研費調査報告書、基盤研究（C）、課題番号：18530423。

6)　ここでいう「企画・開発・技術・研究要員」とは、本人の職責・役割期待の半分以上が企画・開発・技術・研究である者、をいう。

7)　ここでいう「複線型の人事制度」とは、技術者・研究者に適用する資格・処遇ルールと他の職種の社員に適用する資格・処遇ルールとが異なる制度のことをいう。

8)　津田眞澄、1977、『日本的経営の論理』中央経済社

9)　間宏、1978、『日本労務管理史研究』お茶の水書房

10)　岩田龍子、1977、『日本的経営の編成原理』文眞堂

11)　労働組合と使用者またはその団体との間の労働条件その他に関する協定で、書面に作成され、両当事者が署名または記名押印し、効力が発生する。（労組法 14 条）

12)　有利性原則を肯定すること（片面的効力のみと考えること）は、労働協約の水準を上回る水準をあるグループや個人に認めることである。両面的効力とは、それを否定することである。なお、労組法 16 条は、「労働協約に定める労働条件その他の労働者の待遇に関する基準に違反する労働契約の部分は、無効とする。この場合において無効となった部分は、基準の定めるところによる。労働契約に定がない部分についても、同様とする。」と定めているのみである。

13)　近年は「有利性の原則」を否定し、規範的効力はより有利なものにも及ぶという考え方が強くなっている。学説の傾向も同じである。（下井隆史 2000）

14)　知的財産基本法第 8 条第 2 項

15)　厚労省、2002、『雇用管理調査』で、複線型人事制度を導入していない企業は 82.3%（全産業全規模）、導入しているのは 11.8% であった。

16)　2002 年調査での質問は、「貴社は、個人より集団を重んじるカルチャーであるか」で、その選択肢は、「1.　そうである。2.　ややそうである。3.　どちらともいえない。4.　やや違う。5.　違う」である。一方、2007 年企業調査の質問では、「個人を重んじるか」と問うているので逆順になるため、これを 2002 年調査と同順に揃えて計算をした。2007 年企業調査での質問は、資料 2 の Q6（4）を参照のこと。

17)　SPSSver.14 を使用した。以下同様。

18) 当時（1997年2月）のビジネスウイーク誌では、当時のアメリカのリストラトップ10企業の人件費削減率と1人当たり実質売上高の変化を比較して、リストラが企業収益に直結していたことを指摘した。Business Week, February 24 1997.

19) 厚生労働省、2008、『平成19年賃金事情等総合調査』

20) 内閣府、2008、『平成12暦年連鎖価格GDP需要項目別時系列表』

21) 「2. 技術者・研究者の苦情とモラール」（仕事への意欲）における苦情の特徴とも共通する。

22) 質問内容は、資料2のQ6（6）を参照。

23) 質問内容は、資料2のQ6（3）を参照。

24) Q6（6）の質問は、「ここ3年間でご自身の仕事上のモラール（仕事への意欲）は、どう変化されましたか」である。その選択肢は、「1. かなり高くなった。2. やや高くなった。3. どちらともともいえない。4. やや低くなった。5. かなり低くなった」である。

25) 2002年企業調査の実施時期が、企業業績が谷になった2001年度の3月で、そのため会社の将来性への不安、が高かったものと思われる。なお、選択肢として、仕事に関わる項目は比較するために2項目に分けて質問をした。

26) 日経BP社（2001）「明日も技術者でいるために」『日経エレクトロニクス』2001年11月5日号

27) 注12・13・29参照.

28) 具体的事例内容は資料2参照.

29) 有利性原則は、日本の企業別労働組合での労働協約の締結という事情から、認めにくいが、その一方では、労働協約が「…一部の者の労働条件を大きく引き下げるものであるケース等において、労働者が労働組合に対して持っている合理的な期待に著しく反するゆえに規範的効力を持ちえないと判断されるべき場合」が指摘されている。（下井2000）。

30) 事例内容は資料2参照.

31) 研究開発の現場で、予定になかった実験や試作業務について、現場作業従事者が労働時間の問題で苦情を申し出るケースはよくみかける。

32) 労働法は、近代社会の発達に伴って生じた産業社会における弱者としての労働者を労使対等の原則（労組法第1条、労基法第2条）をふまえて集団的労使交渉により保護することをその役割のひとつとしている。

33) 例えば、人口甘味料アスパルテームの製法の開発に大きく貢献され、中央研究所の幹部、主力生産拠点の工場長、取締役、関係会社社長等を歴任された後（日本的雇用慣行での厚い処遇を受けられた後）、製法特許について提訴されたケースがある。

34) 例えば、日亜化学を辞し、青色発光ダイオードの特許訴訟では東京地裁の判決で200億円の判定が下されたもの、最終的には、利息を含めて8億4千万で和解をされたケースがある。

35)　例えば、企業の技術・研究者として他の社員同様に企業の人事管理ルールに則って処遇され、労働組合にも所属され勤務されていたが、ノーベル賞受賞後は、当該企業のフェローとして役員待遇下でさらに研究開発に取り組んでいるケースがある。

36)　社団法人発明協会（2002.12.19）「職務発明に関するアンケート」『特許制度小委員会中間取りまとめ』特許制度小委員会中間取りまとめ

37)　制度運用の不明瞭さを指摘した判決では、「人事考課制度がある程度整備されているだけでは、恣意的な運用を阻止できるといえず、恣意的な運用が可能である」とした判決がある。東京地判平成 13・8・30 労判 816 号 27 頁（朝日火災海上保険事件）

38)　帖佐隆、2007、『職務発明制度の法律研究』成文堂

39)　2002 年企業調査で p=.053（カイ二乗検定）、2007 年企業調査で p=.096 であった。

40)　2008 年に労働契約法が施行され、解雇権濫用法理が一部明文化された点は変革の1つに挙げられる。しかし、業績主義拡大を促進する規制改革等は含まれなかった。

41)　Deery, Stephen and Mitchell, Richard, 1999, "The Emergence of Individualisation and Union Union Exclusion as an Employment Relations Strategy", *Employment Relations*, The Federation Press, p2.

42)　日本経営者団体連盟、1995、『新時代の「日本的経営」― 挑戦すべき方向とその具体策』

43)　Australian Workplace Agreements（AWAs）は、労働協約から離れて個別に企業と労働契約を締結できるもので、Workplace Relations Act 1996 により導入された。労使関係法を集団的労使関係から個別的労使関係へシフトさせる法制の改革は、社会の変化に合わせるために労働党政権時代から始まっていたが、特に、自由・国民連立政権のハワード政権下で、経済政策優先の考えに基づき強力に推進された。当初は、個別的労使関係において交渉力の弱い個人を保護するシステムとして、当時、OEA（The Office of the Employment Advocate：1997 年に設置され、2007 年 7 月からは The Workplace Authority に改組）の取り組みがあり、協約離脱時の個別労働契約における不利益変更審査（No-disadvantage test）が実施された。しかし、ハワード政権が 2005 年の総選挙で上院でも過半数を獲得し、ねじれ国会を解消すると、Workplace Relations Amendment Act 2005 により、不利益審査を廃止する改正等（Work Choices の導入）が行われた。しかし、その改革（Work Choices）も争点のひとつとなった 2007 年総選挙でハワード氏自身も落選する大敗を喫し、ラッド（労働党）政権にとって代わられた。ラッド政権は、Workplace Relations Amendment（Transition to Forward with Fairness）Act 2008（the Transition Act 2008）により不利益変更審査（No-disadvantage test）を復活させる等行った。なお、ラッド政権後は、the Transition Act 2008 により、AWAs は、ITEA（Individual transitional employment agreement）として引き継がれ、現在は Fair Work Act により律せられる。

資料 1. 質問紙票調査概要

Ⅰ. 2007 年企業調査概要：「企業と個人間のトラブル状況及びその解決方法に関する
アンケート調査（企業調査）」

1. 調査対象：2007 年 2 月末時点で、東証 1 部、大証 1 部、ジャスダック、マザー
ズ、ヘラクレスに上場している企業から無作為に抽出した企業 700 社に対し調
査を行った。

2. 調査方法：郵送による調査票の送付・回収を行った。

3. 調査カテゴリー

1) プロフィール

2) 人事労務管理の状況

①制度改定状況

②コミュニケーション状況

③企画・開発等要員に関する処遇・企業風土

3) 改善要望・苦情の状況

①苦情等の動向

②調整窓口

③解決状況

4) 改善要望・苦情処理の方法

①処理方法の類型

②苦情事例別の処理方法

③今後の苦情処理制度

5) 企業外の調整制度

4. 実　施　時　期：平成 19 年 7 月 1 日

5. 回　収　状　況：発送 700 事業所．回収 61 事業所（有効回収率 8.7％）．

・業種 (n=61)	建設業 6.6％、製造業 42.6、運輸・通信業 6.6 卸売・小売業、飲食店 11.5 金融・保険業 6.6、不動産業 1.6、サービス業 6.9、その他 6.6、無回答・不明 0.0
・正社員数 (n=61)	1 ～ 29 人 0.0％、30 ～ 99 人 9.8、100 ～ 299 人 19.7、300 ～ 999 人 32.8、1,000 ～ 4,999 人 24.6、5,000 人以上 13.1、無回答・不明 0.0

II.　2007 年社員調査概要：「企業と個人間のトラブル状況及びその解決方法に関するアンケート調査（社員調査）」

1. 調査対象；企業調査の対象となった企業で働く社員
2. 調査方法；企業調査の対象企業に社員アンケート票を各 1 部送付し当該企業から社員に配布してもらい、回答は社員から直接郵送により回収した。
3. 調査カテゴリー；企業調査に同じ。
4. 実　施　時　期：平成 19 年 7 月 1 日
5. 回　収　状　況：発送 700 事業所。回収 53 人（有効回収率 7.6%）
6. 属性

・業　　種	建設業 5.7%、製造業 47.2、運輸・通信業 5.7、卸売・小売業、飲食店 13.2、金融・保険業 5.7、不動産業 1.9、サービス業 15.1、その他 5.7、無回答・不明 0.0	・性　　別	男性 81.1%、女性 18.9、無回答・不明 0.0
		・年　　齢	10 代 0.0 %、20 代 17.0、30 代 35.8、40 代 17.0、50 代 24.5、60 代以上 5.7、無回答・不明 0.0
・正社員数	1 〜 29 人 0.0%、30 〜 99 人 9.4、100 〜 299 人 17.0、300 〜 999 人 32.1、1000 〜 4,999 人 26.4、5,000 人以上 15.1、無回答・不明 0.0	・雇用形態	正社員 92.5%、パート労働者 0.0、嘱託・契約社員 3.8、派遣労働者 0.0、その他 0.0、無回答・不明 3.8
		・役　　職	係員（役職なし）28.3%、主任・係長 20.8、課長 30.2、部長以上 15.1、無回答・不明 5.7

III.　2008 年調査概要：「（ケーススダディ）企画・開発・技術・研究者へのアンケート調査」

1. 調査対象；複線型人事制度の導入が進んでいない企業の研究・技術・企画等の職務に就く社員
2. 調査方法；これまで筆者が人事制度構築あるいは人事制度運用に関わった企業から調査対象となる 12 社を選び、留置法により実施した。
3. 調査カテゴリー；企業調査に同じ。
4. 実　施　時　期：平成 20 年 9 月
5. 回　収　状　況：対象者 80 人。回収 75 人（有効回収率 93.8%）
6. 属性　　　　　　　　　　　　　　　7. 調査対象企業概要

・業　種	建設業 0.0%、製造業 89.3、運輸・通信業 6.7、卸売・小売業、飲食店 0.0、金融・保険業 0.0、不動産業 0.0、サービス業 2.7、その他 0.0、無回答・不明 1.3
・正社員数	1 〜 29 人 0.0 %、30 〜 99 人 0.0%、100 〜 299 人 20.0、300 〜 999 人 14.7 %、1,000 〜 4,999 人 29.3 %、5,000 人以上 34.7%、無回答・不明 1.3%
・性　別	男性 78.7%、女性 18.7、無回答・不明 2.7
・職　務	開発 28.0%、研究 12.0、技術 13.3、企画 14.7、情報システム 22.7、その他 8.0、無回答・不明 1.3

業　種	社員数
1.　家電メーカー	5,000 〜
2.　化学メーカー	5,000 〜
3.　電気・ガス製造	5,000 〜
4.　電気製品メーカー	5,000 〜
5.　シンクタンク	1,000 〜 4,999
6.　医療製品メーカー	1,000 〜 4,999
7.　化粧品メーカー	1,000 〜 4,999
8.　建築資材メーカー	300 〜 999
9.　食品メーカー	300 〜 999
10.　交通	100 〜 299
11.　住宅関連メーカー	100 〜 299
12.　プラスチック関連メーカー	100 〜 299

Ⅳ．2002 年企業調査：「産業競争力強化に向けた雇用関係の在り方に関する調査」

（委託元：経済産業省、調査実施：日本総合研究所、調査票の設計・分析：筆者）

1. 調査対象；2002 年 3 月時点で、東証 1 部、同外国部、同マザーズ、ナスダック・ジャパンに上場している 1,601 社のうち、電話調査により今回調査対象の「研究・技術者」を雇用している企業 797 社を絞込み、調査を実施した。
2. 調査方法；郵送による調査票の送付・回収を行った。
3. 実施時期：平成 14 年 3 月
4. 回収状況：発送 797 事業所。回収 102 事業所（有効回収率 12.8%）。

・業種（n=61）	建設業 15.7%、製造業 64.6、運輸・通信業 1.0、卸売・小売業、飲食店 6.9、金融・保険業 2.9、不動産業 0.0、サービス業 6.9、その他 1.0、無回答・不明 1.0
・正社員数（n=61）	1 〜 29 人 2.0%、30 〜 99 人 2.9、100 〜 299 人 5.9、300 〜 999 人 21.6、1,000 人以上 67.6

資料２. 企業調査票（抜粋）

企業と個人間のトラブル状況及びその解決方法に関する

アンケート調査（企業調査票）

※紙幅の都合上、企業調査（抜粋）のみ掲載した。

【Ⅰ. プロフィール】

Q3　御社に労働組合又は従業員代表機関（過半数の社員を代表する組織）はありますか。

　　1. 労働組合がある　　　　　2. 従業員代表機関がある　　　　3. 両方ともない

【Ⅱ. 人事労務管理等の状況】

Q6　御社の企画・開発・技術・研究に関わる企業風土を、次の（1）から（6）についてお聞きします。

（1）御社の企画・開発・技術・研究に携る者（注）のモラール（仕事への意欲）についてどう感じられますか。該当するものを１つ選び、○をつけてください。

　　（注）　企画・開発・技術・研究に携る者とは、本人の職責・役割期待の半分以上が企画・開発・技術・研究である者をいいます。

　　1. かなり高い。　　　　　→【(3) へ】　　4. やや低い。　　　→【(2) へ】

　　2. やや高い。　　　　　　→【(3) へ】　　5. かなり低い。　　→【(2) へ】

　　3. どちらともいえない。　→【(3) へ】

（3）御社の企画・開発・技術・研究に携る者は、年功主義より業績主義を重んじる企業風土である。該当するものを１つ選び、○をつけてください。

　　1. そうである。　　2. ややそうである。　　3. どちらともいえない。

　　4. やや違う。　　　5. 違う。

（4）御社の企画・開発・技術・研究部署あるいは企画・開発・技術・研究に携る者が属する部署は、集団より個人を重んじる企業風土である。該当するものを１つ選び、○をつけてください。

　　1. そうである。　　2. ややそうである。　　3. どちらともいえない。

　　4. やや違う。　　　5. 違う。

（5）御社の企画・開発・技術・研究に携る者に対する人事・処遇制度は、他の職種の社員と異なる人事・処遇制度である。該当するものを１つ選び、○をつけてください。

　　1. 職種によって人事・処遇制度が異なる。

　　2. 職種に関わらず人事・処遇制度は同じ。

(6) 御社の企画・開発・技術・研究に携わる者に対する賃金・賞与は、「企画・開発・技術・研究」の個人の実績により大半が決定される。該当するものを1つ選び、○をつけてください。

　　1. そうである。　2. ややそうである。　3. どちらともいえない。

　　4. やや違う。　　5. 違う。

【Ⅲ.　改善要望・不満・苦情の状況】

Q8　「改善要望・不満・苦情」は、だれが窓口になって対応することが多いですか。該当するもの1つに○をつけてください。

　　1. 直属の上司　　　　　　　　　　2. 所属の長（注1）

　　3. 同僚（先輩・後輩社員を含む）　4. 人事労務担当者

　　5. 社内の苦情相談窓口　　　　　　6. その他（具体的：　　　　　　　）

　　（注1）直属の上司でないラインの役職者

Q9　「改善要望・不満・苦情」はどの程度解決していますか。該当するもの1つに○をつけてください。

　　1. すべて解決している　　→【Q11へ】　3. 解決と未解決が半々　→【Q10へ】

　　2. ほとんど解決している →【Q11へ】　4. あまり解決していない →【Q10へ】

　　　　　　　　　　　　　　　　　　5. 全く解決していない　　→【Q10へ】

Q11　最近3年間で「改善要望・不満・苦情」の件数はどのようになっていますか。該当するもの1つに○をつけてください。

　　1. かなり増加　　　2. やや増加　　　3. 変化なし　　　4. やや減少

　　5. かなり減少　　　6. 改善要望等はなかった　　→【Q13へ】

【Ⅳ.　改善要望・不満・苦情処理の状況】

Q15　仮に御社において、次の【事例1～5】のような「改善要望・不満・苦情」が発生し、すでに職場の上司や人事労務部門から社員本人に十分な説明を行っている場合で、どうしても本人が納得しない場合は、どのように対応されますか。事例ごとに該当する番号1つに○をつけてください。

事例は、次のとおり。

【事例1】業績給制度への変更に対する苦情

　　より能力主義・成果主義を強く打ち出すため、年収のおよそ40％を業績給にする新たな賃金制度を導入し、高業績者には（一定以上の売上達成時に）報奨金を加算して支払うことにした。ところが、業績の悪い社員が、旧制度に戻せ、と強く主張している。

【事例2】残業手当に対する苦情

　　残業手当は、毎月20時間分を定額で支払っており、ほとんどの社員はその時間内で残業を終えている。ところが、ダラダラ残業し、業務遂行の効率アップに努力しない者が、残業手当の増額を要求してくる。

【事例3】いじめに対する苦情

　　ある職場の社員から、再三にわたり悪質な嫌がらせを職場ぐるみでされるとの申し出があった。そこでその職場の上司や同僚、前の職場の社員にも事情を聞いたところ、本人に問題があることがわかったので、本人に問題点を是正するよう指導した。ところが、問題点を是正することなく引き続き苦情を申し出てくる。

【事例4】リストラ

　　会社の経営状況は厳しく、リストラしなければ倒産の可能性もある。そこで早期退職優遇制度を設け、後進に道を譲ってくれそうな者に、優遇制度に応募するように打診した。ところが、会社の状況と優遇制度について理解しようとしてくれない。

【事例5】企画・開発・技術・研究要員からの苦情

　　会社は、企画・研究型の企業を目指し、企画・開発・技術・研究の業務を重視しているが、その業務に携わる者から仕事の成果に対する報酬やその他労働条件が低いと申し出があった。会社としては、その者だけを特別扱いはできない、と説明したが納得してくれない。

Q16　社員の「改善要望・不満・苦情」を解決するために、会社として今後どのような制度・仕組みの整備充実に取り組んでいくのがよいと思われますか。該当するものすべてに○をつけてください。

　　1．上司・部下間の個人面談制度　　　2．人事担当者・社員間の個人面談制度

　　3．中立的第三者による調整制度（注1）　4．自己申告制度（注2）

　　5．提案制度（投書箱・目安箱等）（注3）6．社員意識調査

　　7．労働協約に基づく苦情処理委員会　　8．労使協議会

　　9．労使による団体交渉　　　　　　10．経営陣と社員組織との話し合い

　　11．管理職と社員との職場懇談会

　　12．その他（具体的に：　　　　　　　　　　　　　　　　　　）

　（注1）中立な第三者とは、会社側でもなく、労働側でもない中立の立場でトラブル調整を行う者および組織体をいいます。

　（注2）自己申告制度とは、社員各人の能力や希望職務、自己の業績評価等を申告させる制度のことをいいます。

　（注3）提案制度とは、社員が業務、作業について工夫や改善策等を提案できる制度のことをいいます。

第**12**章

創造的自主的な働き方と裁量労働：
高プロ制度の問題点 [1]

第1節　は じ め に

　社会制度が経営に影響を与えるのはいうまでもない。また経営は、社会制度を含む社会の諸々の条件と調和しながら実践されるとともに、その一方では、経営の実践が社会を通して社会制度に影響を与えている。

　第11章では、現代社会を推進す組織集団における研究者・技術者について論じたが、本章では、近代社会の始まりとともに社会問題、経営問題の1つであり現在も同様に重要な社会的課題である「労働時間」をテーマに、経営と組織構成員（いわゆる社員）との関係について考える。

　この問題は、経営と産業の高度化にともなう創造性問題そして人間的な生活の問題と密接にかかわる問題で、第Ⅰ部で論じた労働の質の議論の延長線上にもある。例えば、ブリーフスの人間疎外の根底にある「人間的な関わりの侵害・疎外」の1つは、人間的で創造的な働き方の侵害・疎外問題ともいえる。あるいは、今日、ワーク・ライフ・バランスという概念で捉えて議論する時、それは仕事と生活の両立に対する侵害・疎外である。

　本章で検討する「高度プロフェッショナル制度（特定高度専門業務・成果型労働制）（以降、高プロ制度）は、これまで労働時間管理を基本にしてきた日本の労働者管理と労働者保護のあり方を大きく変える象徴的制度である。象徴的というのは、戦後、労基法は、「労働時間による労働者管理」を裁量労働従事者も例外としてこなかった。一方、今回の高プロ制度は、脱時間管理制度

といわれているように、高プロ制度適用者を労働時間管理の適用除外とする制度で、時間管理をしない労働者管理に門を開いた点で時代を画す位置づけにある。しかし、解決しなければならない問題や社会での広がりへの取り組みはこれからであり、象徴的意味あいが強い。

　高プロ制度が導入されるに至った背景の 1 つには、2015 年 12 月の電通事件（長時間労働による過労死問題）が社会に強いインパクトを与え、働き方改革が社会でクローズアップされたことがある。2017 年 3 月の「働き方改革実行計画」の決定後、紆余曲折の末、2018 年 7 月 6 日に「働き方改革を推進するための関係法律の整備に関する法律」（法律番号 71）が公布されたが、その改革の柱は、「長時間労働是正」「同一労働同一賃金」、そして、「高プロ制度」である。

　「高プロ制度」導入の議論において重要な先行事例とされたのは、すでにアメリカで導入されているホワイトカラー・エグゼンプション制度（適用除外制度）である。アメリカのホワイトカラー・エグゼンプション制度は、公正労働基準法（the Fair Labor Standards Act of 1938、以降 FLSA）でルール化されアメリカ社会に定着しているが、その内容や適用除外制度を取り巻く背景と経緯が日本と異なるため、その違いを明確にせず、単なる模倣に終わっては悪影響を及ぼすことが懸念される。

　本章では、制度的側面から、2019 年 4 月から施行されている「高度プロフェッショナル制度」についてアメリカのホワイトカラー・エグゼンプション制度との比較を通して、より人間的で創造的な働き方の視点からまだ緒についたばかりの日本の裁量労働制について論じる。

第 2 節　日本の裁量労働制の位置づけ

1.　労働時間制度改革の経緯と裁量労働制

　戦後の労働時間制度改革の議論は、1970 年代[2]にソーシャルダンピングとして日本の長時間労働が国際的に問題になったころに遡る。具体的取り組みの

　第1段階は、1980年代から90年代にかけての改革で、1987年の労働時間法制の改正（1987.9.26改正）に始まる。この改正により週40時間労働制（段階的適用）、専門業務型裁量労働制や変形労働時間制、フレックスタイム制、3ヵ月単位・週単位の変形労働時間制等が定められ、週40時間労働制は1997年に特例を除いて完全実施された。専門業務型裁量労働制は1988年に導入され、今日の裁量労働制の基礎となった。

　また、90年代後半からは、所定労働時間の短縮に加えて、裁量労働という働き方についての議論が台頭し始めた。その背景には、ICT革命等により産業の高度化が加速し、産業・企業のあり方が工業化社会から情報化社会へ変化する中、職務遂行のあり方が大きく変化したことがある。

　第2段階は、1990年代後半[3]から2000年代にかけてで、裁量労働制とホワイトカラー・エグゼンプション導入の議論が本格化した時代である。裁量労働制については、1998年に企画業務型裁量労働制の創設[4]、2002年に専門業務型裁量労働制の対象業務拡大、2003年に企画業務型裁量労働制の導入要件緩和が行われ、裁量労働制が発展した。

　ホワイトカラー・エグゼンプションの議論としては、経団連が2005年の提言[5]でホワイトカラー・エグゼンプション導入を推奨し、それと平仄を合わせるかのように、第1次安倍内閣は、当時の柳澤労働大臣によるホワイトカラー・エグゼンプション法案の提出を2007年に模索するも、「残業なし法案」といわれるまでになり、法案提出を断念した経緯がある。政府方針に規制改革の取り組みが大きく影響をしていた時代でもある。しかし、その反動としての2009年の民主党政権の誕生は、規制改革の議論だけでなくホワイトカラー・エグゼンプションの議論も収束させ、2012年の第2次安倍内閣まで表舞台に登場することはなかった。

　別の視点から、この第2段階の特徴を付け加えると、産業の高度化に伴って業務成果に労働時間が必ずしも連動しなくなってきた点と個人指向の意識が強まってきた点がある。このことは、就業形態の多様化の一因ともなっている。

　そして、第3段階は現在に繋がる段階で2010年代である。冒頭に述べたように、2018年7月6日に公布された「働き方改革を推進するための関係法律

の整備に関する法律」（法律番号 71）により、高プロ制度が創設されたが、すでに 2015 年に同主旨の法案が上程されており、2017 年の衆議院の解散で審議未了のまま廃案になっていた。しかし、その一方では、電通事件に象徴される社会的課題としての長時間労働問題の認識が高まり、働き方改革の社会的ニーズが強まった。その結果、2017 年 3 月に「働き方改革実行計画」が決定され、国会上程まで 1 年を要したものの高プロ制度と裁量労働制改革を含む「働き方改革を推進するための関係法律の整備に関する法律案」（以降、働き方改革関連法案）が、2018 年 4 月ようやく国会に上程された。

　裁量労働制の改革については必ずしも社会的機運があった訳ではないこともあり、予定されていた「裁量労働制」（専門業務型・企画業務型）については、「裁量労働制」の改革案の根拠となった調査データ（裁量労働従事者の労働時間の方が短いとの調査データ）の瑕疵が明らかになると、改革案は取り下げられ、広義の裁量労働としては「高プロ制度」のみが、長時間労働規制（罰則付き時間外労働の上限規制）[6] 改革案とともに「働き方改革関連法案」として 6 月 29 日に参院で可決成立[7] した。

　このように紆余曲折しながら、2019 年 4 月に高プロ制度が施行された。この複雑な経緯の底流には、①時間管理から開放された働き方が社会で求められているという側面、②産業の高度化に伴って創造的・専門的業務が求められているという側面、そして、③長時間労働規制等労働者の保護が求められているという側面、の 3 つの側面があり相互に影響を与えながら進んでいる。

2. 高プロ制度と裁量労働制の労基法上の位置づけ

（1） 労基法上の位置づけ

　仕事の取り組み方や労働時間を労働者本人に委ねるという意味で裁量労働という表現は一般的に広く使われているが、労基法上の「裁量労働制」は、法改正前（2019 年 3 月以前）において、専門業務型裁量労働制（労基法第 38 条の 3）と企画業務型裁量労働制（労基法第 38 条の 4）を「裁量労働制」と呼んでいる。これに対し、「高プロ制度」は、労働時間等に関する労基法の適用

除外の1つ（改正労基法第41条の2）として2018年7月に創設された。しかし、一般的労働時間管理からの適用除外制度はすでに存在し、従来の労基法41条第2項（改正労基法では第41条の1の第2項）では「事業の種類にかかわらず監督若しくは管理の地位にある者又は機密の事務を取り扱う者」（いわゆる管理監督者）、同条第3項には「監視又は断続的労働に従事する者で、使用者が行政官庁の許可を受けたもの」（いわゆる監視・断続勤務者）、が適用除外として規定されている。改正労基法では、一定要件[8]を満たす裁量労働者が、「高プロ制度対象者（創設）」として労働時間等に関する規定の適用除外者となる（適用業務は、金融商品開発やコンサルタント等の業務、年収は1,075万円以上）[9]。日本の従来の適用除外のカテゴリー（労基法第38条の1）に加えて裁量労働者としての適用除外者が創設されこれまでと時代を画すことになった。

（2）　裁量労働制の状況

　専門業務型裁量労働制は1987年改正労基法で、企画業務型裁量労働制は1998年改正労基法で創設された。産業の高度化は加速しているものの、施行後、これら裁量労働制の社会での広がりはない。みなし労働時間制の利用をみると、裁量労働制ではなく事業場外みなし労働の占める割合が高いことも分かる。また、1,000人を超える従業員規模でみなし労働時間制の利用割合が高いことも分かる（図12-1）。加えて、ここ10年を比較してもほとんど変化がなく、2018年では「専門業務型裁量労働者」は全労働者の1.3％[10]（2007年・1.3％）[11]、「企画業務型裁量労働者」は0.3％（2007年・0.3％）でしかない。事業場外労働者のみなし労働時間制の適用を受ける労働者は7.9％（2007年・5.8％）で合計してもおよそ9.5％（2007年・7.3％）である。

　また、産業別に裁量労働をみると、「情報通信業」「教育、学習支援業」で専門業務型裁量労働制の割合が相対的に高く、企画業務型裁量労働制は「金融、保険業」で高い。一方、事業場外みなし労働が多いのは卸売業、不動産業等である（表12-1）。

　さらに、企業規模別に裁量労働制をみる（図12-1）と、相対的に従業員規

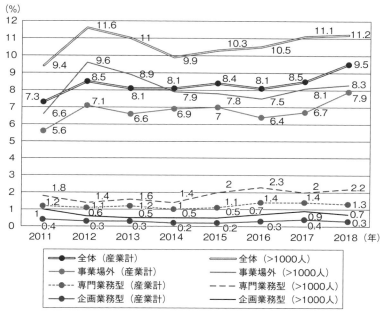

図 12-1　みなし労働時間制の種類別適用労働者割合の推移
（2011 年〜 2018 年）

資料：『就労条件総合調査』（2011 年〜 2018 年）を基に筆者作成

表 12-1　みなし労働時間制の種類別業種別適用労働者割合（2017 年）
(%)

産業	全体	事業場外	専門業務型	企画業務型	適用なし
情報通信業	17.5	6.3	10.3	0.9	82.5
卸売業	18.6	18.1	0.2	0.3	81.4
金融業、保険業	9.4	6.8	0.1	2.5	90.6
不動産業、物品賃貸業	12.5	11.5	0.1	0.9	87.5
学術研究、専門・技術サービス業	13.5	7.9	5.3	0.3	86.5
教育、学習支援業	14.9	4.5	10.3	0.1	85.1
調査産業計	8.5	6.7	1.4	0.4	91.5

資料：『就労条件総合調査』（2017 年）を基に筆者作成。

模 1,000 人以上で適用者割合は大きい。企画業務型では、「金融業・保険業」、次いで、「情報通信業」「不動産業・物品賃貸業」が多い。専門業務型では、「情報通信業」および「教育、学習支援業」、次いで、「学術研究、専門・技術サービス業が多い（表 12-1）。

　留意すべき点は、裁量労働制の適用者割合が少なく、みなし労働時間制の適用者の多くは事業場外労働者の適用者である点である。また、裁量労働者へのみなし労働時間制の適用が少ない中で産業別にみれば、専門業務型では情報関連産業が多い点と企画業務型では金融業関連産業が多い点である。そして、危惧する点は、専門業務型や企画業務型の裁量労働者の適用者が少なくここ 10 年であまり変化していないため、産業の高度化に対応できる労働時間制度が立ち遅れている点である。すなわち、現行の裁量労働制が時代の要請に応えることができない制度で抜本改革が必要とされている。

（3）　裁量労働制の本来の狙い

　裁量労働により合理的活動を期待するのは確かに 1 つの狙いであるが、忘れてならないのは、人間の行動と生活が時間的制約の中で、組織・機能集団の成員が多種多様な目的と動機を持って協働していることを考えれば、人間的生活をより可能とする働き方が重要テーマであることは疑う余地はない。

　近代社会の始まりから、経営問題の 1 つである労働時間問題は単に生産性の視点からの問題であるだけでなく、人間的生活における時間問題として存在している経営の普遍的課題なのである。

　組織・機能集団の活動について、合理的な視点からの活動をここでは労働時間を通しての「生産性」として捉え、また、社会関係の視点からここでは労働時間を「人の生活」として捉えている（図 2-1　支配関係・社会関係・合理的関係と集団活動の構図、参照）。両者を通して組織・機能集団は活動を行っている。

　第Ⅰ部で論じたように 19 世紀の経営社会学でも、そのテーマの 1 つは、いうまでもなく人としての労働者問題で、その重要な項目の 1 つは、現在の日本と同様に労働時間と指揮命令の問題である。例えば、ドイツの経営社会学者ブ

レンターノ¹²⁾ は労働問題の根底に、労働者への使用従属関係が単に職務に限定した影響ではなく、労働者の生活に包括的な影響を与えることを指摘している。換言すれば、指揮命令下の労働時間問題は、生活時間とトレードオフの関係であり、今日でもその構造は同様で、労働時間において職務に関しての指揮命令関係が人の生活に大きく影響を与える。また同時に組織・機能集団の活動目的が、単なる生産性の向上から革新的創造的業務の遂行まで広範囲にかかわる構造的に発生する問題でもある。特に、創造的業務の遂行問題は単に経営上の問題だけでなく、創造的業務遂行が本質的には人間的働き方であるので、今日的人間疎外からの脱却につながる取り組みでもあることに留意しなければならない。

第 3 節　裁量労働における「みなし労働時間制」の問題点

　仕事の取り組み方や労働時間を労働者本人に委ねるといった裁量労働は、労基法における、専門型裁量労働制（労基法第 38 条 3 項）と企画型裁量労働制（労基法第 38 条第 4 項）で律される。労基法の定めでは、「業務の性質上その遂行の方法を大幅に当該業務に従事する労働者の裁量にゆだねる必要があるため、当該業務の遂行の手段及び時間配分の決定等に関し使用者が具体的な指示をすることが困難…」（労基法第 38 条第 3 項第 1 号）、「事業の運営に関する事項についての企画、立案、調査及び分析の業務であって、当該業務の性質上これを適切に遂行するにはその遂行の方法を大幅に労働者の裁量にゆだねる必要があるため、当該業務の遂行の手段及び時間配分の決定等に関し使用者が具体的な指示をしないこととする業務」（労基法第 38 条第 4 項）等となっており、所定の要件・手続きを満たせば、使用者はこれらの業務について労働時間把握義務を課せられない。しかし、労働時間把握義務は課せられないにしても、みなし労働時間制を適用して労働時間に換算して管理しなければならない。

　このみなし労働時間制は 1987 年の労基法改正時に裁量労働制の導入と同時に創設されたが、実際上は時間管理しない裁量労働者ではあるが、法律上、労働時間で管理しなければならないため、「みなし」という概念を利用して対処

しているのである。

　すなわち、裁量労働は、時間で換算できない職務や成果をみなし時間に換算して運用することにより、現行の労働時間管理原則との整合性を図っている。しかし、運用においても、制度の論理性においても首尾一貫していない。制度的には残業に見合う対価を労使協定や労使委員会決議により確定させる制度で、裁量労働内容を重視した判断に基づいた制度ではない。具体的に指摘すれば、裁量労働のみなし労働時間制は超過労働時間の労働対価（残業手当）のルールで、仕事の内容を対象としていない。そのため、裁量労働制適用者の賃金水準についての議論はなされることはない。すなわち、日本には労働時間管理によらない労働者の賃金・報酬の支払いルールが確立しておらずこれからの時代においての課題となっている。

　なお、事業場外労働には、みなし労働時間制が適用（労基法第38条第2項）されるが、企画業務型裁量労働制や専門業務型裁量労働制へのみなし労働時間制の適用と違って、企画や専門業務の裁量労働ではなく事業場外での業務のため労働時間管理が難しいからである。そのため残業手当の計算において、みなし労働時間を算定基礎にすることに合理性があり、企画や専門業務の裁量労働にみなし労働時間を適用するのとは同列に議論はできない。

　一方、アメリカの状況を見ると、FLSA第13条（a）（1）の適用者は約20%ほど[13]あり適用者は少なくない。また、アメリカは、みなし労働時間制ではなく、文字通り、適用除外制度である。今後、産業の高度化に伴い知的労働者や裁量労働者の増加が日本でも予想されるが、現行の日本のみなし労働制度では十分な対応はできずアメリカのホワイトカラー・エグゼンプション制度のように、日本の労使合意方式や委員会決議方式ではなく適用対象となれるか否かの基準を明確にして管理するメカニズムが日本にも必要である。

第4節　ホワイトカラー・エグゼンプションと高プロ制度・裁量労働制

1.　カテゴリーの比較

アメリカでは、FLSA の適用除外規定（ホワイトカラー・エグゼンプション規定）およびその連邦労働省規則（the Code of Federal Regulations、以降 CFR）により、一定条件を満たす労働者は FLSA の適用除外となる。すなわち、管理職（Executive Employees）、運営職（Administrative Employees）、専門職（Professional Employees）、事業場外営業職（Outside Sales Employees）や高報酬労働者（Highly-Compensated Employees）[14] 等は、適用除外対象[15] である（FLSA Section13（a）（1）・（17））[16]）。これらホワイトカラー・エグゼンプションの運用ルール（CFR Title 29 Part 541、以降 CFR.29.541）[17] は、職責（Job Duties）、賃金水準（Salary Level）、そして賃金基本ルール（Salary Basis）、の3基準により構成されている。ホワイトカラー・エグゼンプションに該当するか否かは、これら3基準の要件を満たしているかにより判断される。日本の裁量労働制と大きく違う点の1つは、賃金水準（Salary Level）が基準となっている点で、日本では、前述のとおり「みなし労働時間制」が、実際上、超過労働時間に対する対価の制度になっているため賃金水準は検討の対象とはならない。

　高プロ制度の施行前においては、裁量労働に関して日本にはアメリカのようなホワイトカラー・エグゼンプション制度はないが、既述の通り管理監督者（労基法41条第2項）と監視・断続勤務者（同条第3項）が適用除外として規定されているとともに、裁量労働制とみなし労働時間制が既に存在する。日本の特徴は「みなし労働時間制」という労働時間管理制度により、労働時間を実労働時間から切り離して、包括的に労働時間を見積り決定することにより、直接的な時間管理を離脱させている。すなわち、アメリカのような適用除外規定による実労働時間管理からの脱却ではないが、狭義の実労働時間管理ではない「みなし労働時間制」（専門型裁量労働制（労基法第38条の3）、企画型裁量労

働制（労基法第 38 条の 4）がある。

　しかし、「みなし労働時間制」は、FLSA の適用除外規定と大きく異なり、みなし労働時間（総合判断してみなした労働時間数）を所定外賃金（いわゆる残業手当等）として支払う制度である。この点において日本の裁量労働制は残業手当のカテゴリーの延長線上でしかなく、労働時間による賃金支払いではないホワイトカラー・エグゼンプションとは、質的に異なる。一方、高プロ制度

表 12-2　ホワイトカラー・エグゼンプション（FLSA）と
裁量労働（労基法）のカテゴリー比較

No	FLSA（公正労働基準法）適用除外対象と根拠	対応	No	労　基　法　対象と根拠
1	－	（日本のみ）	1	監視・断続勤務者（労基法第 41 条第 3 号）（適用除外者）
2	管理職（Executive Employees）FLSA 第 13 条（a）（1）	←——→	2	管理監督者（労基法第 41 条第 2 号）（適用除外者）
3	運営職（Administrative Employees）FLSA 第 13 条（a）（1）	←- - - -→	3	企画業務型裁量労働者（労基法第 38 条の 4）（裁量労働制による裁量労働者）（みなし労働時間制適用者）
4	専門職（Professional Employees）FLSA 第 13 条（a）（1）	←- - - -	4-1	専門業務型裁量労働者（労基法第 38 条の 3）（裁量労働制による裁量労働者）（みなし労働時間制適用者）
5	コンピューター業務職（Computer Employees）FLSA 第 13 条（a）（1）・(17)		4-2	高プロ（改正労基法第 41 条の 2）（適用除外者）（年収 1075 万円以上）
6	高報酬労働者（Highly Compensated Employees ）FLSA13 条（a）（1），CFR.29.541.601			
7	外勤営業職（Outside Sales Employees）FLSA 第 13 条（a）（1）	←- - - -→	7	事業場外労働者（労基法第 38 条の 2）（事業場外で業務に従事した労働者）（みなし労働時間制適用者）

注：←- - -→：日本は「みなし労働時間制」、アメリカは「適用除外制度」として対応している。
　　←——→：日本もアメリカも「適用除外制度」として対応している。
資料：筆者作成

は、深夜労働の割増手当の対象にもならず、労働時間を実労働時間から完全に切り離しており、カテゴリーとしてはホワイトカラー・エグゼンプションに類似する。

　具体的な対応関係を図示すると、「表 12-2　ホワイトカラー・エグゼンプションと労基法のカテゴリー比較」のとおりである。既述の通り、アメリカにはなく日本にある制度としては「みなし労働制」と「監視・断続勤務者」である。また、ホワイトカラー・エグゼンプション（FLSA）と裁量労働制（労基法）は、同一視することはできないが、労働のあり方としては裁量労働が前提になっている点については共通している。

2.「みなし労働時間制」と「適用除外制度（FLSA）」の違い

　実労働時間管理がされない点において、日本の裁量労働制における「みなし労働時間制」は FLSA の適用除外と似ているようであるが、実はかなり違う。基準の位置づけ、ルールの目的そして決定の仕方が異なる。

　適用除外制度（FLSA）基準は、賃金水準を含めて基準を設定し、それに適合するか否かの判断により運用する。一方、みなし労働時間制は、残業見合いの労働時間数で把握する制度である。始終業時間による実労働時間を機械的に把握するのではないので、ホワイトカラー・エグゼンプションと似てはいるが、みなし労働時間制はあくまで労働時間数で管理をするので本質的にホワイトカラー・エグゼンプションと異なる。換言すれば、日本の「裁量労働制」は、みなした労働時間数（あるいはみなされた労働時間数）が賃金の基礎であり、裁量労働とはいっても時間で把握する制度である。判然としない点は、時間に関係ない裁量労働といっておきながら処遇の根拠が時間であり、残業見合いの内容を実労働時間で把握し処遇する点である。すなわち、実際の労働時間数に代わるみなし労働時間で内容や成果等を判断し処遇する制度になっている。本来、仕事の内容等の基準が整備され、その基準に基づいて処遇されなければならないが、現行制度はそうではない。

　また、決定の仕方ついては、みなし労働時間制の場合、現在の労基法が、労

使協定方式の場合であれば労使の合意（労基法第38条の3）、委員会方式であれば決議（労基法第38条の4）により決定されるという複雑な[18]手続きになっている[19]。合意であれ決議[20]であれ、基準に照らしての判断というより、合意や決議のプロセスが重視される制度である。ホワイトカラー・エグゼンプションはそうしたメカニズムではなく一定の基準に照らして判断されるため質的に異なる。

　換言すれば、裁量労働におけるみなし労働時間制は従来の労働時間管理で計算できない超過労働時間の対価をどのように確定するかであり、労働時間管理の延長線上にあるといえ、時間管理をしない「適用除外制度」とはまったく異なる。一方、適用除外制度は、時間管理からの離脱（ホワイトカラー・エグゼンプション）であるため、適用除外が妥当か否かの基準に基づく判定ルールである。その判定の基準は、賃金水準（Salary Level）、賃金基本ルール（Salary Basis）、そして、職責（Job Duties）、の3基準である（CFR.29.541）[21]。

3. ルールの位置づけと背景

　アメリカのFLSAは、Wage-Hour Lawとも呼ばれているように賃金と労働時間に関する法律で、特に超過労働時間手当と最低賃金について厳密に定めている。アメリカの超過労働時間手当の基礎となる割増賃率は1.5倍と高いが、ホワイトカラー・エグゼンプションは、その割増賃率および最低賃金ルールからの適用除外を意味する。一方、日本の労基法は、労働者保護法として休日・休暇・労働時間等も含めて網羅的に定めている。そのため、日本の適用除外制度は、労働時間、休憩および休日に関する包括的な保護規定からの適用除外を意味する。また、労基法は、労働者保護を目的に労働時間を直接的に規制しているが、FLSAは、直接的に労働時間を規制するのではなく超過労働時間に対する割増賃率の高さが長時間労働を間接的に抑制する構造となっている点に特徴がある。超過労働時間を直接取り締まるといったアプローチではない点が日本と大きく異なる。加えて、社会規範の視点から見ると、アメリカでは、日本のようにサービス残業等の社会慣行はなく、労働時間に基づく賃金の支払い

があいまいにされることがない点が異なる。

　さらに重要な点は、FLSA 成立の背景である。FLSA は、1938 年制定当時、アメリカ経済社会が世界的不況下にあり、雇用の拡大が重要な目的の 1 つであったことが大きく影響している。すなわち、雇用対策に関心が強く、超過労働手当を高くすることにより追加的労働が必要な場合は新たな労働者の雇い入れに経営者のインセンティブが働くように期待したルールである[22]。日本の労基法のように超過労働時間を直接規制対象にしていない[23]。

　もともと包括的な労働者保護規制でない FLSA における労働時間ルールは、高い割増賃率（1.5 倍）により、雇用創出を期待しているルールであり、労基法とはこの点においてアプローチが大きく異なる。例えば、アメリカでは日本のように監視・断続勤務者にホワイトカラー・エグゼンプションの適用をしないが、それは効果としてむしろ新規雇用による雇用増を高めるインセンティブがあり目的にかなっている。

　このことは、雇用の増加に結びつかない職務においては 1.5 倍の割増賃率は合理性がなく、むしろ、適用除外としてその業務にふさわしい管理をすることの方に合理性がある。つまり、職務を他の労働者で代替できない労働者の場合は、むしろ時間ではない尺度で評価するのが合理的である[24]。

　日本の場合は、そもそも割増賃率が必ずしも高くなく雇用創出効果は目的ではない。むしろ、重要な労基法の目的は包括的な労働者保護にあるので、アメリカとはアプローチの仕方もルールの効果もまったく異なる。また、包括的な労働者保護の必要性がアメリカより日本が相対的に強い理由の 1 つは、日本の労働者の特性として、そもそも労働時間と賃金パフォーマンスのコスト意識が低い点や集団的指向が強くサービス残業が常態化する状況がある点を認識しなければならない。日本の裁量労働従事者に合った労働者保護ルールの整備が不可欠であることに留意する必要がある。

4.　ホワイトカラー・エグゼンプションの対象者規模

　FLSA の対象者やホワイトカラー・エグゼンプションの対象者規模について、アメリカ労働省賃金労働時間局の 2005 年度から 2018 年度のデータ [25] を基に検討する。

　アメリカの民間労働者に対する FLSA および CFR Part 541 が適用される対象者数は、2017 年度で約 1 億 3,300 万人、カヴァー率は約 83% である（表12-3）。その内（FLSA 適用者の内）、適用除外対象者は約 4,480 万人で、約2,990 万人は、管理職（Executive Employees）、運営職（Administrative Employees）、専門職（Professional Employees）による適用除外対象者（EAP 適用除外対象者）である（表 12-4）。また、EAP 適用除外者を一般EAP 適用除外者と特定職業 EAP 適用除外対象者（教員、学識経験者、医師、弁護士、裁判官、事業場外営業員）に分けると、一般 EAP 適用除外者は、約2,250 万人である（表 12-5）。FLSA および CFR Part 541 の対象者約 1 億 3,280万人の約 16.9% であり、特定職業 EAP 適用除外対象者も含めた一般 EAP 適用除外者では、約 22.5% になる [26]。

表 12-3　FLSA および適用除外対象者の状況

（単位：千人・%）

年度	A 雇用労働者（民間）	B FLSA, CFR541 対象者（千人）	(B/A) (%)	C 適用除外対象者	(C/A)	(C/B)	D 適用対象者	(D/A)	(D/B)
2005年度	141,519	122,043	86.20%	39,447	27.90%	32.30%	82,595	58.40%	67.70%
2017年度	159,914	132,754	83.00%	44,845	28.00%	33.80%	87,909	55.00%	66.20%

資料：Wage and Hour Division, 2016, *Defining and Delimiting the Exemptions for Executive, Administrative, Professional, Outside, Sales and Computer Employees*, を基に筆者作成

表 12-4　適用除外対象者 EAP の割合

（単位：百万人・%）

年　　度	A 適用除外 対象者	B EAP 適用除外 対象者	(B/A)	C EAP でない適用 除外対象者	(C/A)
2005 年度	39.4	24.9	63.2%	14.5	36.8%
2017 年度	44.8	29.9	66.7%	14.9	33.3%

資料：表 12-3 に同じ。

表 12-5　一般 EAP 適用除外対象者の割合

（単位：百万人・%）

年　　度	A 一般 EAP 適用 除外対象者	(A/C)	B 特定職業 EAP 適用 除外対象者	(B/C)	C EAP 適用除外 対象者
2005 年度	18.4	73.9%	6.4	25.7%	24.9
2017 年度	22.5	75.3%	7.4	24.7%	29.9

資料：表 12-3 に同じ。

第 5 節　ホワイトカラー・エグゼンプションの基準

　ホワイトカラー・エグゼンプションは、既述の通りアメリカの公正労働基準法（FLSA13（a）（1）・（17））に規定され、実際の運用は、連邦労働省規則（CFR.29.541）における職責（Job Duties）、賃金水準（Salary Level）、賃金基本ルール（Salary Basis）、の 3 基準により運用されている。ここでは、これら基準について述べる。

1.　職責（Job Duties）について

　ホワイトカラー・エグゼンプションにおけるこのカテゴリーの基準は、仕事の性質を問うもので、外形的職名というより職責を要件としている点に留意しなければならない。

　ここでは以下に、ホワイトカラー・エグゼンプションについての CFR の分類に従って職責内容の特徴について述べる。

（1）管理職（Executive Employees）

　管理職については日米とも基本的な点では同様な職責基準内容であるが、CFR での管理職の職責（Job Duties）の主たる基準（CFR.29.541.100-106）は次のように定められている。まず、① 従事する業務は、企業・組織の管理業務で、② 2 人以上の部下への指示を行っていることが求められる。また、③ 採用および人事管理労務（解雇を含む）の権限を有していなければならない。実際の状況を判断するうえで重要な点は、④ 業務遂行時における裁量度の高さで、⑤ 対象となっている管理職業務の会社業務全体における相対的重要度、⑥ 対象となっている業務への従事時間、そして、⑦ 他の従業員との賃金バランスが基本的要件である。

　日本でも管理監督者は労基法で適用除外となっている。具体的には、監督または管理の地位にある者の範囲は、実態と処遇が重要で、実態では、職務内容、責任と権限、勤務態様（時間管理を受けていない等）について吟味することになっている[27]。また、処遇では、定期昇給する基本給や役付手当等職務関連手当て、賞与等の一時金の管理監督者の処遇の状況について、他の一般労働者との比較においてその妥当性が規則では吟味される。

（2）運営職（Administrative Employees）

　日本の企画裁量労働制は、所属する事業場の事業の運営に関する業務（労基法第 38 条 4）であるが実際上は限定的であって、必ずしも広く企画業務を対象とはしていない[28]。一方、アメリカの運営職（Administrative Employees）の職責の主たる要件（CFR.29.541.200204）は、①従業員や顧客の管理・一般的な事業運営に直接関連する肉体的労働でないオフィス業務で、②重要な事項に高い裁量度をもって独立した判断を行うこととしている。さらに、③仕事は、実際のビジネスやサービスに直結している活動であることを要件としている。④生産ラインでの作業や小売店等での商品販売は含まれない。

そして、⑤裁量度については、「重要事項」に関してさまざまな可能性を比較検討して決定・行動することが求められるが、それは必ずしも組織の最終決定にならなくてもよいとされている。裁量権に関しては、①経営方針策定への関与、業務内容の策定等について権限を有していること、②業務内容が企業にとって重要な業務であること、③担当業務が事業活動に大きな影響を及ぼす業務であること、④財務上の重要な問題を経営層に上申できること、⑤自らの判断で方針や手順の変更等ができること、⑥重大問題について会社と交渉し実践できること、⑦経営層に専門的アドバイス（相談）ができること、⑧ビジネス目標策定に関与していること、⑨重要事項の調査および解決に関与していること、⑩苦情の応対と解決、紛争の仲裁において会社を代表していること等が挙げられているが、必ずしもすべてを満たさなくてもよい。なお、マニュアル等に記載されている、既存の技術、手順、その他特定の基準に従う業務、事務・秘書業務、データの記録・集計業務、反復的日常作業、等は対象にならない。

（3）専門職（Professional Employees）

　日本の専門業務型裁量労働制においては、職責というより職名による判断が強く、労基法施行規則第24条2の2第2項および労働省告示第7号で定められている19業務が対象である。専門業務型裁量労働制における対象業務は明確であるが限定的であり広く専門業務を対象とはしていない。これと比較してアメリカの対象範囲は広い。なお、アメリカでは専門職の職責をカテゴリー化して示している。ここでは、学識専門職と創造専門職について述べる。

1）学識専門職（Learned professionals）

　学識専門職（Learned professionals）の職責（Job Duties）に関する主たる要件（CFR.29.541. 300-301）は、①専門的で知的な長期の教育コースによって獲得される高度な知識を駆使した業務遂行でなければならない。②裁量度については、一貫した裁量と判断を必要とする業務で、高度な知識により、さまざまな事実や状況の分析、解釈等を行う。③日常的な精神的、手作業的、機械的、または肉体的な業務ではない。④専門的で知的な長期の高等教育で研鑽を積まなければならないが、専門職として認められるには（その証明には）、

適切な学位等が挙げられる。また、⑤医療関係や法曹関係等においては資格内容によって該当するか否か判断できる。なお、⑥どの分野の学位を持っていても一般知識、見習いを程度の知識をもって業務を遂行する場合は該当しない。また、ロースクールで学んでいない法律家や化学に関する学位を持たない化学者等は該当しない。

2）創造専門職（Creative professionals）

次に、同じく専門職（Professional Employees）のカテゴリーにある創造専門職（Creative professionals）の職責（Job Duties）に関する主たる要件（CFR.29.541. 541.302）を述べると、①芸術的または創造的分野における独創的あるいは才能を要する業務でなければならず、また、②芸術的または創造的分野とは、音楽家ではミュージシャン、作曲家、指揮者等、著作家ではエッセイスト、小説家、短編作家、作家、脚本家や広告代理店の著作家、役者、画家、写真家、漫画家、等としている。

ジャーナリストについては、①テレビ、ラジオでの活躍、②十分な調査インタビューの実践、③公開イベントの十分な分析、および④論説、コラム等の執筆、をしている場合が該当する。

なお、⑤ここでいう創造専門職（Creative professionals）には、知識をベースにした業務や一般的作業や一般的訓練を受けた人が行う業務は対象としていない。最終判断は、発明、想像力、独創性または行使された才能の状況により、実態に応じてなされる。

2. 賃金水準（Salary Level）について

賃金水準に関する基準は日本の裁量労働制にはなく、2019年4月に施行された高プロ制度では、前述のとおり年収1,075万円が基準となっている。アメリカにおける賃金水準（Salary Level）の経緯をみると、2004年の改定前では150／週ドルと当時の賃金相場においてけっして高い水準ではなくむしろ低くホワイトカラー・エグゼンプション適用基準の実質的意味は薄かった。そのため2004年に455／週ドルに引き上げらたが、それから12年経過後の2016

年時点でやはり低水準と評価されたため改善の必要性が指摘され、2016 年 12 月 1 日に改定予定であった。しかし、収入要件引き上げ差し止めの連邦地裁決定が 2016 年 11 月に下され改定は実施されず、2020 年 1 月からようやく基準が引き上げられた。現在は、年収では① 2004 年から最低年収 2 万 3,660 ドルであったのが、2020 年 1 月から最低年収は 3 万 5,568 ドルへ増額となった。また、② 455 ドル／週であったのが、684（2016 年変更予定額は 913）ドル／週（29 CFR 541.600）に増額され（隔週 1,368（2016 年変更予定額は 1,826）ドル、半月 1,482（2016 年変更予定額は 1,978.16）ドル、毎月 2,964（2016 年変更予定額は 3,956.33）ドル）、加えて、③高額報酬労働者（HCE）は、それまでの年収 10 万ドルから 10 万 7,432（2016 年変更予定額は 13 万 4,004）ドル（29 CFR 541.601）に増額された。

　④業務については、オフィス業務で作業や肉体業務は認められず、ホワイトカラー・エグゼンプションの職責の業務の 1 つ以上が一般的に実践されていなければならない。したがって、⑤管理業務でない生産ラインの労働者は対象にならない。例えば、管理業務でないメンテナンス担当者や機械のオペレーター、配管工や建設労働者等である。

3.　賃金基本ルール（Salary Basis）について

　賃金基本ルールに関して、2004 年の改正における重要な点は、それまであいまいでトラブルの原因となっていた点をより明確にして、紛争を減少させることであった。特に、賃金の減額についてはそれまで問題となることが多かったため、それまでの基本原則（各給与期間の所定報酬の定期的支払いおよび仕事の質や量によって減額されない原則）だけでなく、減額できる場合が改正により明確になった。例えば、賃金相殺禁止が原則であるが相殺できるケース（§541.601（b））として、①病気、けが以外の個人的理由による 1 日以上の欠勤、②病気やけがによる 1 日以上の欠勤（賃金補填をする補償がある場合）、③陪審手当、証人報手当、または軍役手当の受給額との相殺、④重大な安全規則違反に課された罰則による減額、⑤職務規律違反のために課された一日以上

の無給、⑥雇用の最初および最後の週での日割り支給等実際に勤務した時間数に対しての賃金支給（従業員の比例部分の賃金）、⑦家族休業法に基づく無給休暇、の場合が明確化された。

第6節　専門性・創造性と裁量労働制

1.　日米の共通点と相違点

　日本とアメリカとでは、労働時間と報酬に対する労働者の意識が既述の通り異なる。労働時間に対する対償意識が明確なアメリカに対し、職場の紐帯を優先する日本ではサービス残業という社会現象を生じさせている。しかし、そうした日本の職場においても、技術革新や産業の高度化に伴い、他の先進諸国同様、職務内容の高度化や就労の多様化が、時間で換算できない職務や成果を担う労働者を増大させている。また、日本ですでに導入されている裁量労働制の創設理由でも、「業務の性質上、業務遂行の手段や方法、時間配分等を大幅に労働者の裁量にゆだねる必要性」（専門業務型裁量労働制）、「事業活動の中枢にある労働者が創造的な能力を十分に発揮し得る環境づくりの必要性」（企画業務型裁量労働制）が挙げられて[29]いる。具体的には、専門、企画、立案、調査、分析の業務を裁量労働制の対象としており、産業が高度化しているこれからの時代を支える裁量労働業務が日米で共通となっている。

　また、FLSA は、日本のような労働者保護法ではなく、超過労働時間に対する規制も罰則も無い。賃金割増率が 1.5 倍であることが経営者、管理者に長時間労働を抑制させるとともに雇用創出効果を生んでいる。ここで、留意すべき点は、アメリカの場合も適用除外規定において、適用要件として業務遂行時の本人の自主裁量が高いことを基本要件にしている点である。この点において、日本の裁量労働制は雇用創出効果を目的にはしていない。しかし、産業の高度化に伴い、専門的・創造的業務を担う労働者の自由裁量度を高めるという日本での裁量労働制導入の狙いとアメリカのホワイトカラー・エグゼンプション基準が共通点を持つ。すなわち、「労働時間管理からの解放＝裁量労働 ⇒ 専

門的・創造的労働の促進」（裁量労働の関連性モデル）、という関係である。

　しかし、既述のように裁量労働制とホワイトカラー・エグゼンプション（FLSA）ではその成立経緯や主たる目的と実践方法が異なる。すなわち、網羅的な労働者保護か否か、高率な超過労働割増率に対する適用除外か否か、労働時間の直接規制か否か、等である。また、日本の裁量労働制は、アメリカのホワイトカラー・エグゼンプションのように完全には時間管理から解放されておらず、みなし労働時間制であり、あくまで労働時間に立脚しており両者のカテゴリーは異なる[30]。

　共通点と相違点を持つ両国の裁量労働システムであるが、次項では裁量労働の必要性を専門性・創造性の視点から検討する。

2.　専門性・創造性の捉え方

　なぜ、「労働時間管理からの解放＝裁量労働 ⇒ 創造的・専門的労働の促進」（裁量労働の関連性モデル）なのかを理解するには、専門的・創造的成果をもたらすプロセスの理解が必要である。厚生労働省労働基準監督課は、企画業務裁量労働制の創設理由の1つを、「経済社会の構造変化や労働者の就業意識の変化等が進む中で、活力ある経済社会を実現していくために、事業活動の中枢にある労働者が創造的な能力を十分に発揮し得る環境づくりが必要…（中略）…労働者の側にも、自らの知識、技術や創造的な能力をいかし、仕事の進め方や時間配分に関し主体性をもって働きたいという意識が高まり…（中略）…事業運営上の重要な決定…（中略）…企画、立案、調査及び分析を行う労働者を対象とした「企画業務型裁量労働制」が2000年4月より施行」[31]と説明している。また、その裁量労働においては「仕事の進め方や時間配分に関して主体性」を持つことが、創造的専門的業務の遂行に不可欠としている。

　そうした主体性と専門性・創造性の関係を、アマビール（Amabile, Teresa M.）は、「知的融合」「創造的施行スキル」そして「モチベーション」から説明[32]している。すなわち、「1.　知的融合」は、専門的な知識や経験が単体で完結されるのでなく有機的に結びついてさらに発展することであり、「2.　創造

的思考スキル」は、いかに新たな発想ができるのかのスキルで、常識的な手順のみでなく新たな取り組みを発想して実践できること、としている。また、「3. モチベーション」は、内発的モチベーション[33]（アマビールは intrinsic と表現）、外発的モチベーション[34]（extrinsic）により構成され、特に前者が重要としている。これら3領域の相互作用により創造的成果が生まれるとする。そして、これら3領域の有機的飛躍的連携を、その主体である本人（社員）が、自律的、自主的に自分の考えに基づいて発展させることにより、創造的活動と成果が生まれるとしている。（図12-2）

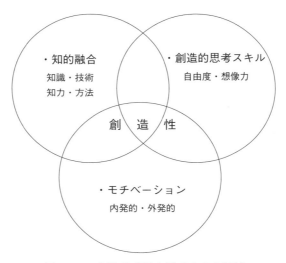

図12-2　創造的成果を構成する3領域
資料：Amabile, T. M., Three Components of Creativity,
"How to Kill Creativity" p.78, *Harvard Business Review*, Oct. 1998 を基に筆者作成

　企業が付加価値の高い活動をするには、本人（社員）がそうした取り組みを実践[35]することがまず必要であるが、加えて、創造的・専門的成果をプロデュースする社員に「自律的に自主的に自分の考えで取り組むこと」が できる環境（部下の裁量労働を推進する、職場の上司のリーダーシップ等も含む）[36]を準備することが企業と国のこれからの責務[37]であり、裁量労働制の抜本的改

革と企業での実践が求められている。

第7節　結　　論

　社会では個人の個性化が進む中、個人のワークスタイルも個別化が進んでいる。また、産業の高度化が工業化時代の労働時間管理を中心とした画一的な労働のあり方を変革させ多様化を進めている。この多様化は、副業・兼業の増加や非典型労働者の増加等にも現れているが、既述のとおり裁量労働の必要性としても表面化している。高プロ制度（特定高度専門業務・成果型労働制）は、日本のホワイトカラー・エグゼンプション制度のさきがけであるが、その創設は時代の要請ともいえる。

　しかし、これまで日本は労働時間を労働者管理の柱の1つとして労働施策を推進してきた。そのため、労働時間ではなく業務内容や成果で裁量労働を管理するのは管理実態を大きく変え、これまでの多くのルールの抜本改革にもつながる。そしてそこから生じる諸問題の1つは、裁量労働従事者である高度プロフェッショナルに適用される高プロ制度が制度的には「裁量労働制」と連続性がなく、裁量労働に関して2種類の裁量労働制度が存在してしまい、今後、実態面や論理性から高プロ制度と「裁量労働制」の制度的統合が必要になる。

　本章では、1990年代から労働時間管理問題の解決策の1つとして、ホワイトカラー・エグゼンプション制度の導入（労働の時間管理からの脱却・解放）が社会で論じられ、その本格的実践として高プロ制度が導入されたが、日本の裁量労働制度の整理は不明瞭のままである。本章では、より人間的で創造的な働き方の視点からアメリカのFLSAの適用除外制度との比較により日本の裁量労働制について論じた。特に指摘した点は次の5点である。

1.　裁量労働において包括的労働者保護の労基法の適用除外とする場合、労働者保護とのバランス調整の必要性
2.　裁量労働における「みなし労働時間制」の抜本改革の必要性
3.　裁量労働制における労使合意方式、委員会決議方式からアメリカのホワイトカラー・エグゼンプションのような基準適合方式への転換の必要性

4. 専門業務型裁量労働制、企画業務型裁量労働制の適用者が少なく事業場外みなし労働時間制の適用者が多い日本の現状の改革の必要性

5. 裁量労働における「労働時間管理からの解放＝裁量労働 ⇒ 創造的・専門的労働の促進」（裁量労働の関連性モデル）が実践できる企業内外の体制整備の必要性

　これら5つの点に留意し、超過労働時間管理と裁量労働を分離した新たな裁量労働制（日本版ホワイトカラー・エグゼンプション）が、個人の視点、労働者の視点、産業・経営の視点から求められている。

注

1) 本章は、2019、「高度プロフェッショナル制度の創設と裁量労働制の改革 —— ホワイトカラー・エグゼンプション（FLSA）との比較研究」『社会学部紀要』130号、を発展させて論じた。

2) 1970年代の日本の労働時間は2,100時間と先進国の中で突出して長かった

3) 段階が重複しているのは各段階が、必ずしも接続型で説明できるというより状況の変化が各段階でオーバーラップしているためである。

4) 導入は2000年4月。

5) 日経連、2005、『ホワイトカラー・エグゼンプションに関する提言』

6) 長時間労働への対応については、2017、「長時間労働是正等職場の公平公正の実現に関する考察：オーストラリアとの比較研究」『関西学院大学社会学部紀要』127号、で論じた。

7) 2018年7月6日公布、2019年4月1日施行.

8) 例えば、（労働時間等に関する規定の適用除外）第41条の2の第1号では、対象業務を「高度の専門的知識等を必要とし、その性質上従事した時間と従事して得た成果との関連性が通常高くないと認められるものとして厚生労働省令で定める業務のうち、労働者に就かせることとする業務」としている。

9) 労働基準法施行規則第34条の2の3。

10) 厚労省、2018.10、『平成30年就労条件総合調査』

11) 厚労省、2007.12、『平成19年就労条件総合調査』

12) 面地豊、2002、「ブレンターノと労働者問題」『経営社会学の生成』千倉書房。

13) 「4（4）ホワイトカラー・エグゼンプションの対象者規模」を参照。また、藤川（2007）が詳しい。

14) HCEと表記されることも多い。

15) 一般的にEAP Exemptionあるいはwhite collar exemptionsと称される。

16)　29 U.S.C.§213（a）（1）・（17）

17)　"Part 541 — Defining and Delimiting the Exemptions for Executive Administrative, Professional, Computer and Outside Sales Employees", *Electronic Code of Federal Regulations*, U.S. Government Publishing Office, 2018.

18)　島田陽一、2018、「働き方改革と労働時間法制の課題」『ジュリスト：連載 働き手・働き方の多様化と労働法』No.1517。

19)　例えば、労基法施行規則 24 条の 2 の 2、同 24 条の 2 の 3、労基法施行規則 24 条の 2 の 2 第 2 項第 6 号の規定に基づき厚生労働大臣の指定する業務を定める件（H9.2.14. 労働省告示第 7 号）、労基法の一部を改正する法律（H15 年法律第 104 号）等。

20)　労働者を代表する委員が半数以上でなければならない。（労基法 38 条の 4）

21)　日本の適用除外要件（高プロ）は、給与要件、職務内容要件、である。

22)　労働政策研究・研修機構、2005、『労働政策研究報告書（諸外国のホワイトカラー労働者に係る労働時間法制に関する調査研究）』No.36。

23)　荒木尚志、1991、『労働時間の法的構造』有斐閣。

24)　法の趣旨に外れた適用拡大をすれば、日本でも懸念されているように、単に、残業手当を払わなくて済むような制度となってしまう点は同じである。

25)　Wage and Hour Division, 2016, *Defining and Delimiting the Exemptions for Executive, Administrative, Professional, Outside, Sales and Computer Employees*, Department of Labor.

26)　藤川恵子、2007、『アメリカ公正労働基準法とホワイトカラー・エグゼンプション —— 労働時間に関する考察を中心に』Works Review Vol.2、リクルートワークス研究所。

27)　「都道府県労働基準局長あて労働次官通達」（昭和 22・9・13 発基 17 号）等。

28)　要件として、1. 所属する事業場の事業の運営に関する業務、であることがあり限定的である。他には、2. 企画 立案 調査 分析の業務、3. 業務遂行の方法を大幅に労働者の裁量にゆだねる必要、「業務の性質に照らして客観的に判断される」業務、4. 企画・立案・調査・分析という相互に関連し合う作業を、いつ、どのように行うか等についての広範な裁量が労働者に認められている業務、である。

29)　労働基準局監督課「企画業務型裁量労働制」『裁量労働制の概要』

30)　表 12-2 におけるアメリカの「ホワイトカラー・エグゼンプション」と日本の「3. 企画型裁量労働者」・「4-1。専門型裁量労働者」の比較を参照。

31)　労働基準局監督課「企画業務型裁量労働制」『裁量労働制の概要』

32)　Amabile, T. M., "How to Kill Creativity" *Harvard Business Review*, Oct. 1998.

33)　例えば、仕事を通しての精神的インセンティブ。

34)　例えば、報酬等の経済的インセンティブ。

35)　アマビール，テレサ，クレイマー，スティーブン（2017）。

36) 実際の職場では、意識の高い若手社員の自主的な取り組み等に対し、裁量労働を認めて
いるにも拘らず上司や関係者が阻害し、本人のやる気を削いでしまうことも多い。

37) 企業・組織のあり方が創造性発揮に影響を与えるとする organizational creativity に対
して国の制度も同様に社員の創造性に影響を与えるとする national creativity の考えがある
（Robert J. Sternberg, 2004, Handbook of Creativity）。

第 **13** 章

個別労働紛争（対立）の企業内外での調整：
日英の比較 [1]

第1節　は じ め に

　経営社会学の視点に立てば、経営の組織・集団の構成員は一般的には経営者、管理者、監督者、社員等で各々の経営組織集団において役割を担った個人が経営社会構造を通して相互関係を持ちながら新たな経営社会現象を創出している。

　その際、社会関係の具体的現象としての対立紛争への対応において、成員の統合が、組織集団にとって組織目的達成のために特に重要である。実際のプロセスにおいては、指揮命令が実践され、構造的に対立・紛争が同時に発生する。第Ⅰ部でヴェーバー，M.やダーレンドルフ等で論じたように経営・組織に関わる問題には共通して対立・紛争そしてその調整・統合の問題がある。

　そして、実践における指揮命令・統合に関わる企業の基礎的制度には、雇用管理制度、賃金制度、人事評価制度および労働時間制度や一般的就業管理制度等がある。これらの制度は、指揮命令や統合に関わる基礎的制度であると同時に対立紛争が展開される場でもある。

　また、ダーレンドルフは、組織・集団が宿命的にコンフリクトを内在[2]するとし、フォレットは、コンフリクトの調整は、統合による解決[3]が優れているとする[4]。すなわち、機能的組織活動をする集団は、その実際の組織運営で、対立の発生とその対応（変化への対応）を、表面的対応をはじめ質的変化を伴う抜本的改革まで状況に応じて行い、組織目的や構成員の目的を達成す

る。そのプロセスにおいては、効率性、公平公正性、の両面が求められ、いずれか一方に偏るのであれば、中長期的に組織活動は社会的に継続できない。当事者間で対立の調整（対立の発生とその対応）が可能であることが望ましいが、それが不調の場合、いかに、組織の効率性と成員の公平公正性を担保して調整するかにおいて、組織内、組織外あるいは並行して調整のアシストが行われることが求められる。第三者（機関）の取り組み方（制度と実際の調整）がいかなるものかによって結果は大きく異なる。

　集団の凝集性の低下やサービス産業の拡大（産業構造の変化）により、日本に限らず国際的にも集団的労使紛争が減少し個別労働紛争 5) が増加している。本章では個別労働紛争についての司法に代わる行政の取り組みによる代替的紛争処理（ADR）の促進を、イギリス助言幹旋仲裁局（以降、ACAS6)：Advisory, Conciliation and Arbitration Service）と筆者の実態調査等を基に、特に、次の5点について論じる。①司法の担う役割と行政等の担う役割の明確化と連携の必要性、②擬似共同体的性質が弱まってきた日本の職場においても、職場の規範を法律で直接規定せずに ADR の実践により実践できるメカニズムの必要性、③当事者間の話し合いを担保する審判と実際の職場の紛争処理の規範形成の取り組みの必要性、④職場での初期段階での紛争調整の重要性、⑤職場の自律的でインフォーマルな取り組みを促進する規範により紛争解決を推進することの必要性、の5点である。

第2節　ACAS の紛争処理件数との比較

　個別労働紛争が増加しているのは国際的傾向であるが、その処理状況には大きな差がある。ACAS と日本の処理状況を比較する（表13-1、表13-2、表13-3）と、日本は、相談件数に比べて幹旋件数が極めて少ない。都道府県労働局の実施する相談件数 7) は 2010 年度約 113 万件（2018 年度約 112 万件）で、それに対し ACAS への相談件数は 2010 年度 95 万 4,000 件（2018 年度約 115 万件）、また、民事上の個別労働相談件数では都道府県労働局の約 24 万 7,000 件に対して ACAS は約 16 万 7,000 件である。実施した幹旋件数は、ACAS

が約8万件（2018年度約17万件）であるのに対し、紛争調整委員会は僅か6,400件程でしかない。加えて、打ち切り件数を年間処理件数で比較すると、紛争調整委員会は3,629件で打ち切り率は56.8%（2018年度56.6%）もあるのに対して、ACASの打ち切り率は28.8%（2018年度27.5%）、解決率は、71.1%（2018年度72.5%）である。比較するとACASの解決率は極めて良好である。

表13-1　2010年度のACASと労働局の実績比較

ACAS			都道府県労働局		
相談　受理件数	953,999		相談　受理件数	1,130,234	
ETからの受理件数	166,792		民事上の相談受理件数	246,907	
斡旋による合意	33,444	45.8%	斡旋による合意	2,362	37.0%
取り下げ	18,469	25.3%	取り下げ	394	6.2%
雇用審判所	21,035	28.8%	打ち切り	3,629	56.8%
（審問）	(16527)	(22.7%)			
（欠席審判）	(4508)				
小計	72,948	100.0%	小計	6,385	100.0%
却下・対象外	7,077		その他	31	
合計	80,025		合計	6,416	

資料：ACAS（2011.7.18）*Annual Report and Accounts 2010/2011* および厚生労働省（2011）『平成22年度個別労働紛争解決制度施行状況』を基に作成

　また、労働審判制度での処理件数は増加しているものの、その件数は3,468件で（2009年の仮処分は655件、訴訟は3,125件）合算しても7,248件でしかなく、イギリスの雇用審判所（Employment Tribunal、以降ET）は、申し立てられた後、約7万3,000件がACASでの斡旋を経て、約2万1,000件が雇用審判所での審理に付されている。審問に回る比率でみれば、ACASの斡旋後（1万7,000件程）率にして22.7%でしかない。すなわち、イギリスの個別労働紛争処理システム全体からみれば、ACASは雇用審判所での審問に対する代替的紛争処理機能を明確に果たし、またACASは自らその役割を認識して紛争処理を推進している。

　当時、ACASでの調停前置は法定されているわけではなかったが、雇用審判所との関係で審問の前に斡旋を行うことが事実上合理的帰結として実践されている。すなわち、通常、雇用審判所になされた申し立ては、斡旋等によって解決するように努める制定法上の義務を負っているACASに送付され斡旋が行われる。

　当時のACASの注目すべき取り組みは、雇用審判所に申し立てがなされる前に斡旋を行う「申し立て前斡旋制度」（pre-claim conciliation、以降PCC）[8]を2009年に導入したことであった。斡旋の時期が雇用審判所への申し立て前の開始を重視している点とその申し立て前斡旋制度（PCC）の実践では期初に斡旋開始率の目標を70%に設定（結果は74%の達成）[9]して雇用審判所への申し立てを回避すべく取り組んでいる点が看過できない[10]。加えて、注目すべきは回避率（ET claims avoidance rate）としても指標化して、実際にどれだけ雇用審判所への申し立てを回避できたかをチェックしている点である（73.7%の回避率）[11]。

　全体スキームの中で斡旋等を通して早期にインフォーマルな解決を推進するとともに雇用審判所での審問の回避を図っている。こうした取り組み状況は、相談件数に対する解決率に表れており、ACASは、ETからの受理件数（16万6,792件）に対しての解決[12]率は高く31.1%（日本の労働局では解決率1.1%）である。なお、2018年度のET1の受理件数に対する解決（斡旋による合意と取り下げ）率は54.2%と高い。ACASは、個別労働紛争処理の全体スキームの中でのADRとしての積極的な役割を果たしており、また、単に代替的紛争処理（Alternative Dispute Resolution, 以降ADR）としてだけでなく、当事者の納得性の高い解決方法（ADR：Amicable Dispute Resolution）としても取り組んでいる。加えて、2018年度の早期取り組みあっせん（EC）件数をみると増加し13万件を超え2009年からの取り組みが開花しているのがわかる。

表 13-2　2018 年度 ACAS と労働局の受理件数の比較

2018 年度　ACAS と労働局の受理件数比較

ACAS		都道府県労働局	
相談　受理件数	1,147,808	相談　受理件数	1,117,983
		民事上の相談受理件数	266,535
斡旋（EC＋ET1）の受理件数	169,242	斡旋の受理件数	5,086
（EC）斡旋受理件数（早期取組）	132,711	―	
（ET1）斡旋受理件数	36,531		

資料：筆者作成

表 13-3　2018 年度 ACAS と労働局の処理件数比較

ACAS				都道府県労働局			
	件数	割合			件数	割合	
斡旋による 合意件数（ET1）	14,665	72.5%	53.7%	斡旋による 合意件数	1,937	43.4%	38.2%
斡旋による取り下げ件数	5,130		18.8%	取り下げ件数	264		5.2
雇用審判所（審問件数）	6,419	27.5%	23.5%	打ち切り件数	2,870	56.6%	56.6
（欠席審判件数）	1,072		3.9%				
小計	27,286	100.0%	100.0%	小計	5,071	100.0%	100.0%
却下・対象外	1,414			その他	15		
合計	28,700			合計	5,086		

資料：筆者作成

第 3 節　2008 年雇用法と実施準則 [13]

　ACAS は、個別労働紛争処理の全体の中で効率のよい ADR の取り組みを行っているが、それを可能にしている特徴に、法による規制と審判および実施準則（code of practice）[14] の相互補完的関係がある。企業内紛争処理状況を尊重した雇用審判所での審判が、法ではない実施準則を職場の強い規範として機能させている。すなわち、審判において、職場の実施準則が斟酌されるしくみになっている。この点がイギリスの効果的、効率的な個別労働紛争処理を可能にしている出発点である。以下に ACAS および実施準則の法的位置づけと

その変化から論じる。

1. 実施準則 1 (Code of Practice 1) の位置づけ

ここで対象にしている実施準則 1 (Code of Practice 1) [15] は、職場における懲戒と苦情に関しての基本原則で、組織と従業員の良好な関係を促進するための実践的なガイダンスとして発せられている。ACAS の一般的事項（表13-4）については、1992 年労働組合及び労働関係（統合）法（Trade Union and Labour Relations (Consolidation) Act 1992、以降 TULRCA 1992）第4章で定められている [16]。具体的には、第209条（労使関係の改善促進の一般的義務）、第210条（斡旋）、第211条（斡旋官）、第212条（裁定）、第213条（助言）、で規定されている。

また、ACAS が実施準則を発することができる権能等（表13-4）については、TULRCA 1992 第3章において規定されている。具体的には、199条

表13-4 関係法令（機能と作成権限）

(1) ACAS の機能について
1992 年労働組合及び労働関係（統合）法。(Trade Union and Labour Relations (Consolidation) Act1992)
CHAPTER IV. *Functions of ACAS.*
209 条（General duty to promote improvement of industrial relations）
210 条（Conciliation）、212 条（Arbitration）、213 条（Advice）。
(2) ACAS の実施準則の作成権限等について
1992 年労働組合及び労働関係（統合）法。(Trade Union and Labour Relations (Consolidation) Act1992)
CHAPTER III. CODES OF PRACTICE
Codes of Practice issued by ACAS
199 条（Issue of Codes of Practice by ACAS）、200 条（Procedure for issue of Code by ACAS）、
201 条（Consequential revision of Code issued by ACAS）、
202 条（Revocation of Code issued by ACAS）。

（ACASによる実施準則の発出）、200条（ACASによる実施準則発出の手続き）、201条（ACASによる実施準則の改定）、202条（ACASによる実施準則の廃止）、である[17]。

2. イギリスの個別労働紛争調整の特徴

2009年4月以降の個別労働紛争の調整におけるイギリスでの実践の特徴は、法律による規制を軽減し、その一方で職場レベルの規範による規律と個別労働紛争の非制度的な解決を促進している点である。実施準則が、職場レベルの内的規範および紛争調整の取り組み上の基本原則として職場の規範となっている。

2004年に一旦は2002年雇用法（Employment Act 2002）および2002年雇用法（紛争処理）2004年規則（The Employment Act 2002（Dispute Resolution）Regulations 2004、以降2004年規則）により企業内への法的規制を強化し企業内での紛争処理を同法および同規則により雇用審判所の審判に

表13-5　関係法令（紛争処理手続き）

（1）紛争処理手続きの一部廃止
2008年雇用権法（Employment Act 2008）
1条（Statutory dispute resolution procedures）.
Employment Act 2002の29条から33条および付則2から付則4の廃止
（参考：Employment Act 2002　抜粋）
Part 3：Dispute Resolution Etc, Statutory procedures.
29条（Statutory dispute resolution procedures）
30条（Contract employment）
31条（Non-completion statutory procedure: adjustment of awards）
32条（Complaints about grievances）
33条（Consequential adjustment of time limits）
附則2（Statutory Dispute Resolution Procedures）
附則3（Tribunal jurisdictions to which section 31 applies）
附則4（Tribunal jurisdictions to which section 32 applies）

資料：筆者作成

直結するシステムを導入した。しかし、職場での紛争調整への法律による過度の介入が、結果として斡旋・調整を阻害してしまい、それを反省して 2008 年雇用法（Employment Act 2008）で 2009 年 4 月に、それまで法定（2002 年雇用法）されていた条項を廃止[18]した（表 13-5）。

　イギリスでは、企業内での個別労働紛争の処理を法的手続きに固執させて実施させるのは必ずしも効果的ではない、と判断し、現在は法的手続きではなく実施準則を核に自主的な紛争調整を ACAS の援助指導の基に取り組ませている。

　改正前の状況を具体例で述べると、企業内の個別労働紛争の処理を 2002 年雇用法および 2004 年規則により、当事者双方に 3 つの手続きを課していた。すなわち、トラブルが生じた際に従業員は法律に直結した手続きとして、①苦情について文書による経営側（マネージャー）への通知、次いで、②当事者間で苦情調整のための会議（meeting）での当該問題についての調整、そして、③不服の場合には再検討の要請と苦情調整のための会議（appeal meeting）への出席および当該問題についての調整である。ここでいう会議（meeting）等は、インフォーマルな会話ではなく、1999 年雇用関係法（Employment Relations Act 1999）に規定されている懲戒のための審問（disciplinary hearing）等に匹敵（Employment Act 2002 Schedule2 Part4 s.14）する。これらが法定されていたため、企業内での取り組みといえども雇用審判所での審問と直結[19]してしまい、当初から権利義務関係の議論等が生じていた。法定することにより発生するこうした状況は、早期に相互理解により法的ではない解決を図る、といったインフォーマルな紛争解決の妨げになった。

　しかし問題点は、法的な手続きが当事者間のインフォーマルな問題解決の促進を阻害している点および ACAS の関与（援助）を弱めている点[20]であって、紛争原因の所在を当事者間で認識する、という取り組みはやはり不可欠であった。すなわち、是正されたのは直接的な法律手続き（規制）であった。

　こうした 2004 年改正後の実践状況をふまえ、2008 年には抜本的見直し[21]をし、実施準則も 2009 年に改正し、それまでの実施準則（2004 年 10 月施行）と比較すると、パラグラフの数は 116 から 45 に大幅に削減され、企業での紛争調整の裁量度を高めた。

　改正前後を比較すると、質的変化としては、法律に基づく規制から自由裁量を前提にした規範に変化し（表13-6）、また、量的変化としては、最小限の規範の明示に留まっているため大幅にパラグラフ数を削減している。

表13-6　主な苦情処理手続の説明内容（2004年準則と2009年準則の比較）

（改正前）	（改正後）
1．法定の苦情処理手続き	1．苦情についての表明
2．苦情の申立て	2．苦情についてのミーティング開催
3．苦情ミーティング	3．当事者（従業員）への同伴者の許可
4．異議申立て	4．適切な対処の通知と実施
5．特別の配慮	5．苦情未解決時の更なる対応
6．記録の保持	6．懲戒と苦情手続きの競合
7．苦情処理手続の作成	―

資料：筆者作成

　すなわち、イギリスはインフォーマルな取り組みを促進する政策へと転換がなされることにより、一律に法律で調整手続きを企業に強制するのではなく、実施準則を紛争調整の原則として明示することにより紛争調整を自主的に取り組めるように誘導している。

　そして、看過できないのは、手続き（前述の3ステップ）は法定しないものの当事者間の話し合いを、実施準則の規範を通して実質的な話し合いのステップを経たか否かについては審査する仕組みになっている点である。

　そして、その実践において、法律による解決に代わって当事者間での解決をACASによる促進を重視している[22]。

3．紛争調整規範としての実施準則（Code of Practice）

　実施準則には法的拘束力はないが、単なるガイドではなく間接的影響力（紛争調整規範としての影響力）があり紛争調整に際し規範力を有している。実施準則前文および制定法[23] 1992年労働組合及び労働関係（統合）法 s.207（1）

では、「何人も、本章において発せられる実施準則の各規定を守らないことによって紛争処理手続における法的責任を問われるものではない」としており、この実施準則が法的拘束力を持たない、ことが明記され、法的拘束力はない（表13-7）。しかし、1992 年労働組合及び労働関係（統合）法 s.207（2）において、「…ACAS により発せられる実施準則は、雇用審判所および中央仲裁委員会の手続で証拠として認められ、また、実施準則の各規定は、紛争処理手続上生じる争点に関して審判所および中央仲裁委員会が関連すると考えるときは、その争点を判断する際に斟酌されなければならない」としている。すなわち、法律が直接的に当事者を規律しないが、雇用審判所が審判に際して、実施準則を証拠として認容、あるいは斟酌することにより、当事者の行動に強く影響を与える仕組みになっており、実施準則をベースに ADR が促進されている[24]。

　既述のイギリスでの個別労働紛争処理における当事者間における実施準則と審判と法律との関係を図示すると、「図 13-1　紛争当事者・実施準則 Code

表 13-7　関係法令（Employment Act 2002）

（1）実施準則の法的拘束力について

1992 法

CHAPTER Ⅲ.　CODES OF PRACTICE

Supplementary provisions

　207 条（Effect of failure to comply with Code.）

　　（1）A failure on the part of any person to observe any provision of a Code of Practice issued under this Chapter shall not of itself render him liable to any proceedings.

（2）訴訟手続における位置づけ

1992 法

　207 条（Effect of failure to comply with Code.）

　　（2）In any proceedings before an industrial tribunal or the Central Arbitration Committee any Code of Practice issued under this Chapter by ACAS shall be admissible in evidence, and any provision of the Code which appears to the tribunal or Committee to be relevant to any question arising in the proceedings shall be taken into account in determining that question.

資料：筆者作成

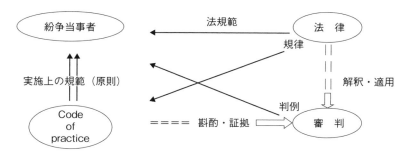

図13-1　紛争当事者・実施準則 Code of practice・審判・法律の関係の
　　　　概念図
資料：筆者作成「特集　個別労働紛争の背景と解決システム　P53」『日本労働研
　　　究雑誌』No.613、労働政策研究・研修機構

of practice・審判・法律の関係の概念図」のとおりである。

第4節　職場内インフォーマル紛争解決への転換と日本の状況

　イギリスでは、2002年雇用法による法手続きを重視する取り組みを見直し
て、職場での取り組みの裁量度を高めることと法規範ではない実施準則によっ
て間接的に規律する取り組みを行っている。このメカニズムが、インフォーマ
ルな紛争解決において極めて重要である。

　具体的には、法的な直接要件として3ステップが課せられなくなっても、
2002年雇用法および2004年規則で法定されていた前述の3ステップの手続き
に違反がある場合、実施準則に基づく実施状況を雇用審判所で斟酌するため、
裁定額の増減幅は当初の10%から50%の幅と比べて低くなったとはいっても、
2008年雇用法により0%から25%の間でやはり裁定額が増減される制度であ
る（表13-8）。

　また、それまでは解雇は法定された手続き要件が満たされなければ自動的に
不公正解雇となっていたが、改正後は自動的ではなく状況が斟酌されて裁定額
に反映される。

　実施準則は審判において斟酌・証拠として取り上げられるので、紛争当事者

表 13-8　1992 年法の修正（Employment Act 2008）

Employment Act 2008
s.3.　Non-compliance with statutory Codes of Practice
(2)　1992 年法 s.207 の後に次の条文を挿入する。
207A：実施準則を遵守していなかった場合の効果：裁定額の増減
(2)　ET が、次の各条項に該当すると認めるとき、すなわち、
(a)　実施準則に関する訴えが実施準則の適用に関すると判断できるとき
(b)　使用者が実施準則を遵守していなかったとき
(c)　不遵守に合理性がなかったとき
ET は、正義かつ公平であると考える時は 25％まで裁定額を増減できる。

資料：筆者作成

に対して手続き要件として直接影響を与えないものの、紛争調整の実際上の原則として影響を与える。当事者は手続きの形式要件では自由であっても本質的には調整規範として実施準則を認識しなければならない（図 13-1）。

　また、看過できないのは、当事者間の話し合いを一貫して重視するとともに、手続きは法定せずに実施準則の規範に委ねており、またその規範の履行（特に手続きの実質的な実施状況）は、実施準則を通して、雇用審判所で審査できるメカニズムになっている点である。

　もとより集団的自由放任主義がイギリスの特徴であるが、個別労働紛争が増加する中、労働者個人の権利から発する問題を規律する規範が必要となり、現在それは、法律による統制主義に依るのではなく、実施準則が個別的労働関係の規範となりインフォーマルに紛争を解決することを重視して推進されている[25]。

　この点、日本では外部規範による取り組みとして努力義務規定等がこれに相当する。努力義務規定は判例では私法上の法的拘束力はないが、公法上の行政の取り組みによりその実効性を高めること[26]が期待できるため、インフォーマルな取り組みを促進する場合は、今後の重要な施策になると考えられる。

　イギリスでは、日本的な社会関係の代わりに、具体的な実施準則（Code of Practice1：Disciplinary and grievance procedures）により企業内での実践状況を雇用審判所で斟酌するというメカニズムにより個別労働紛争に関しての

職場での紛争調整規範を形成して紛争の自動調整機能を発達させている（図13-1）のに対して、日本は、急速に職場の社会関係が希薄化していく中で、職場の紛争処理におけるインフォーマルな紛争処理を促進する新たな規範形成の必要性に迫られている。

第5節　日本の紛争調整アプローチ（実態調査から）

イギリスでは、職場の紛争調整においてインフォーマルな取り組みが、試行錯誤のうえ効果的であると判断され2008年の法改正に直結したが、日本でもインフォーマルな取り組みは有効なのだろうか。

企業および従業員に、職場での紛争解決の方法を、「制度的解決方法」なのか「非制度的解決方法」なのかを聞く（調査方法は第11章資料1）と、企業および従業員調査とも「非制度的解決方法」により紛争を解決するとの回答が多く寄せられる（図13-2）。ここでの「制度化された方法」というのは、労使協議会、苦情処理委員会、使用者と労働組合との団体交渉、管理職と従業員との職場懇談会、上司・人事労務担当による面接制度、従業員意識調査、等フォーマルな企業内制度を利用して解決する方法をいう。「制度化されていない方法」というのは、そうした制度を利用せずに、上司と部下のコミュニケー

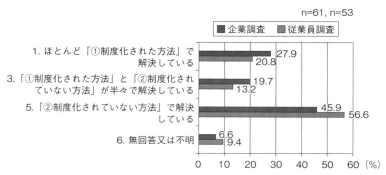

図13-2　個別労働紛争処理の解決方法（制度的 or 非制度的）
注：筆者　事業所調査、従業員調査（2007）をもとに作成

ションを通して解決するインフォーマルな解決方法をいう。

　具体的に、従業員調査でみると、制度化されていない方法で解決していると回答した従業員が56.6％、制度化されている方法で解決していると回答した従業員は20.8％、半々であると回答した従業員は13.2％であった。また、事業所調査では制度化されていない方法で解決していると回答した事業所が45.9％と多く、半々であると回答した事業所は19.7％であった。逆に、制度化されている方法で解決していると回答した事業所は27.9％でしかない。事業所調査においても、制度化されていない方法で解決しているとの認識にある。さらに、2008年調査で、より個別的労使関係が進むと思われる研究・技術・企画等の職務に就く従業員に聞いても、同様の結果である。日本の現場の状況は、イギリス同様、職場での紛争調整においてはインフォーマルな取り組みが当事者にとって好ましいことを示している。

　また、イギリスでの調査（2008年）に、職場の好ましい紛争調整方法について、斡旋の経験企業に聞いた調査[27]（図13-3）があるが、この調査もインフォーマルな取り組みの重要性を示している[28]。すなわち、斡旋の成功、不成功にかかわらず、「インフォーマルな方法」は紛争調整に効果がある、とする考え方に94.0％の支持があり、斡旋の不成功企業においても、96.7％と「インフォーマルな方法」を高く支持している。一方、成功、不成功にかかわらず、妥結合意方式[29]（合意妥結方式（compromise agreement）では、1996年雇

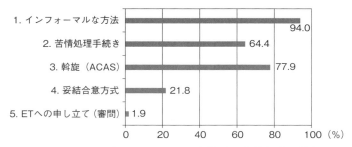

図 13-3　イギリスにおける解決法別の支持企業の割合
注：Pa L. Latreille（2008）*Research Paper: Mediation at work: of success, failure and fragility*, ACAS を基に筆者作成

用権利法 The Employment Rights Act 1996 Section 203（3）に基づく手続きを要する）や雇用審判所での審問による取り組みは相対的に支持されていない。

　日本の職場での紛争調整の一般的アプローチにおいても、またイギリスの紛争調整アプローチにおいても、その実態においてインフォーマルな取り組みによる紛争調整が、重要な位置を占めている。

第6節　結　　論

　職場は継続的な社会関係をベースにした集団である。人間集団が宿命的に持つ対立関係をいかに調整するかのメカニズムは重要である。本章ではこれまでイギリスとの比較および実態調査等を基に職場の個別労働紛争処理を通して論じてきた。継続的雇用関係が前提となっている職場における個別労働関係の調整では、当事者間の自主的解決を促進できる行政 ADR の取り組みが、重要な役割を担う。社会メカニズムと企業経営システムは相互に関係しているため、効率的で活性化した職場を構築するためには、今後、次の5点についてさらに整備していく必要がある。すなわち、

1.　個別労働紛争調整システム全体における各調整組織体の機能関連づけ、すなわち、司法（裁判）の担う役割（特に、判定機能と判例形成機能等）と行政等の担う役割（特に、斡旋による ADR 機能）の明確化と連携の必要性。

2.　擬似共同体的性質が弱まってきた日本の職場においても、イギリスの実施準則（code of practice）のような職場の個別労働紛争調整規範の形成の取り組みの必要性および職場の規範を法律で直接規定するのではなく ADR の実践が促進できるように踏み込んで「努力義務規定」等で明示し、行政による実践のバックアップと司法による実質的手続き実施状況の審査が行えるメカニズム構築の必要性。

3.　構造的には、当事者間の話し合いを担保する審判と実際の職場の紛争処理の規範形成の取り組みの必要性。

4. 職場での初期段階での紛争調整は、法的な手続き要件を課すより職場の
　　自律的な取り組みを促進する原則を規範化して推進することの必要性。

5. 個別労働紛争調整システム全体をみると、紛争の性質や状況が紛争段階
　　により異なるため各段階に応じた対応が必要で、特に、紛争調整は、問
　　題の初期段階でインフォーマルな取り組みの必要性。

　日本でも行政機関への個別労働相談件数は、イギリスと比較しても決して少
なくない。日本では相対的に斡旋等実施比率はかなり低いが、インフォーマル
な調整を望む土壌はイギリスと同様であり斡旋が効果的な場合も多いと考えら
れ、今後は、企業内の個別労働紛争処理規範を明確にしたうえで、行政機関の
ADR 実践のバックアップと司法の実質的手続き審査ルールの構築による個別
労働紛争調整のメカニズムの再構築が求められる。

【補　　論】

　第三者（機関）が介入する雇用労働の対立紛争の調整方法において、日本
は雇用労働分野の仲裁合意に課題がある、日本では、2003 年に仲裁法が成立
したが、雇用労働関係の対立紛争では仲裁合意は認められていない。本論で議
論したように、また、第 11 章で検討した職務発明に関わる改正ルールで議論
したように日本では労働者個人のバックアップ体制が弱く、また労働者個人の
位置づけも一般的に高くない。確かにかかる状況において、社員個人が主体と
なる仲裁合意を認めれば公平公正な調整ができるか疑問が残る（立場の強い雇
用主がかなり優位に立つ）。この点、仲裁合意が定着している（個人の権利が
保護される制度を日本より多く持つ）アメリカにおいても、例えば、法的な個
人の権利と仲裁の効力との関係をどのように考えるか（ex. 年齢差別禁止法に
基づく提訴を仲裁裁定は排除できるか [30]）といった問題）があり、構造的な課
題がある。しかし、現在の日本においては、その前の段階、個人が主体となれ
る（個人が保護される制度が整備された）社会や経営が求められている。本来、
仲裁合意が公平公正に機能する社会と経営が成立できれば、それは経営にとっ
ても効率的であり社会にとっても発展的であると考えられる。

注

1)　本章は、学会発表、2011、「個別労働紛争の企業内外での解決（ADR）促進 ― 実態調査と ACAS からの示唆 ―」『第 7 回仲裁 ADR 法学会大会』神戸大学、を発展させて論じた。また、本章は、日本学術振興会・科学研究費補助金「個別的労使関係の研究 ― 従業員個人と企業間・従業員同士の新たな調整システムの研究 ―」（2006 〜 2008 年度）における研究成果の一部を含んでおり、日本学術振興会に謝意を表する。

2)　ここでは広く、個々の労働者と事業主との間に生じる紛争として捉える。なお、制定法上の定義としては、労働審判法 11 条や個別労働関係紛争解決促進法 1 条等がある。

3)　Dahrendorf, Ralf, 1959, *Sozialstruktur des Betriebs-Betriebssoziologie*. Betriebswirtschaftlicher Verlag.

4)　Follett M. P., Graham, Pauline ed., 1994, *Mary Parker Follett Prophet of Management*, President and Fellows of Harvard College.

5)　Follett M. P., Graham, Pauline ed., 1994, *Mary Parker Follett Prophet of Management*, President and Fellows of Harvard College.

6)　ACAS は、1974 年に組織され 1975 年の雇用保護法に法的根拠を持つ独立行政法人で、支出総額は約£56.2M（2018 年度）で、ビジネス・エネルギー・産業戦略省（Department for Business, Energy and Industrial Strategy（BEIS））の補助金£49.6M（2018 年度）等で活動をしている。ACAS の当初の目的は、いわゆる集団的労使関係の改善である。情報・サービス産業の発展がめざましい現在はその目的を、① 労働争議だけではなく、個人レベルの労使（雇用）紛争の未然防止および解決、② 雇用審判所への申し立て後あるいは前の斡旋、③ 情報の提供、④ 労使間の良好な関係の促進、⑤ 出版活動、セミナー等の実施している。また、全国規模で電話による相談サービスも行い、個人からのさまざまな雇用問題についての質問に答えている。電話相談の窓口対応は、斡旋官ではない者が対応をしている。また、ACAS での斡旋の取り組み姿勢は、①自発的な解決を尊重する取り組みで、②中立的な立場を堅持し、③信頼を得て秘密を守り、④報酬を得ずに、⑤ 雇用審判所から独立して実施している。

7)　2010 年度は、総合労働相談 0.9％減、民事上個別労働相談 0.2％減、助言・指導申出 1.1％減、そして斡旋については 18.3％と大幅な減であった。なお、いじめ・嫌がらせ、に関する相談が継続的に増加している。

8)　ここでいう claim は、ET への申し立てを意味する。

9)　Acas（2011）*Annual Report & Accounts 2010/2011*.

10)　2009 年度で延べ受理件数 9,758 であったのが、2010 年度では 1 万 7,781 件と増加傾向である。

11)　結果は 2009 年度で 69.6％、2010 年度で 73.7％の回避率であり向上している。

12)　斡旋による合意（33,444 件）と取り下げ（18,469 件）の合計（51,913）である。

13)　Code of Practice 1: disciplinary and grievance procedures

14)　code of practice の訳については、code of practice の内容を組織内での懲戒や苦情に関しての双方の具体的取り組み（実施）（Code of Practice on discipline and grievance）の原則（規範）として捉えているので、行為準則とは訳出せず、「実施準則」と訳した。

15)　他に Code of Practice 2: Disclosure of Information to Trade Unions for Collective Bargaining Purposes. および Code of Practice 3: Time off for trade union duties and activities, がある。

16)　（Trade Union and Labour Relations（Consolidation）Act1992,：CHAPTER Ⅳ. *Functions of ACAS.* 209 条（General duty to promote improvement of industrial relations), 210 条（Conciliation), 211 条（conciliation officer.）212 条（Arbitration), 213 条（Advice).

17)　199 条（Issue of Codes of Practice by ACAS), 200 条（Procedure for issue of Code by ACAS), 201 条（Consequential revision of Code issued by ACAS), 202 条（Revocation of Code issued by ACAS).

18)　Employment Act 2002 の 29 条から 33 条 および 附則 2 から附則 4 は廃止された。

19)　例えば、従業員サイドに限らず経営サイドも、調整ステップが雇用審判所に進んだ際のことを念頭においた当事者間調整が発生する。

20)　斡旋期間を法定すればそれだけ紛争調整の期間を短縮できるであろうという取り組みは、結果として ACAS の援助を限定することにつながり逆効果であった。実際、①行き過ぎた手続等の形式要件化およびそれに伴う時間と費用の浪費、　②インフォーマルなアプローチの後退、③企業内苦情手続の裁量度の低下等の不満があった。

21)　Employment Act 2008

22)　Michael Gibbons は不必要な規制の撤廃を提言した。Michael Gibbons（2007).

23)　TULRCA 1992 s.207（1）

24)　TULRCA 1992 s.207（2）

25)　もっとも、法律に規定されていて、実施準則にも規定されている規則もある。例えば、懲戒や苦情における同僚の同伴等である。Employment Relations Act 1999 s.10（1）

26)　例えば、旧男女雇用機会均等法の第 7 条（募集・採用）、第 8 条（配置・昇進）等は一定の効果があった。荒木尚志、2004、「労働立法における努力義務規定の機能：日本型ソフトロー・アプローチ？」『COE ソフトロー・ディスカッション・ペーパー・シリーズ』COESOFTLAW-2004-11 東京大学。

27)　CIPD（Chartered Institute of Personnel and Development）により実施された。

28)　Pa L. Latreille（2008）*Research Paper: Mediation at work: of success, failure and fragility,* ACAS

29)　合意妥結方式（compromise agreement）では、The Employment Rights Act 1996

Section 203（3）に基づく手続きを要する。

30)　野瀬正治、1999、「代替的紛争処理（ADR）と労使紛争：英米からの示唆」『国際公共政策』4（1）、239-255 頁。

第 **14** 章

未熟練外国人労働者の人間疎外と在留資格制度 [1]

第1節　はじめに

　グローバル化している現在、組織集団の経営において非正規労働者や外国人労働者がその集団の成員となることが多くなり、従来とは異なる経営社会現象を生じさせている。それは外国人労働者問題においても、第Ⅰ部で論じたまさに人間疎外の今日的問題として発生している。

　この問題は、経営の合理的側面から生じる摩擦で近代初期から今日に続く外国人労働者問題である、近代になってのドイツでは、エルベ川以東におけるユンカーによる家父長的農業経営の維持が難しくなる中、東ヨーロッパから流入する外国人労働者が経営の合理的側面において事業継続に不可欠となっていた。そして、しだいにユンカーによる家父長的農業経営を変容させたのである。

　また、ドイツに限らず外国人労働者問題は、例えば、アメリカに渡ったポーランド人の農業労働者についてのナラティブアプローチによる分析であるトマス（Thomas, Eilliam I.）とズナニエッキ（Znaniecki Florina）の『ヨーロッパとアメリカにおけるポーランド農民』において、当時の移民としてのポーランド農民の心情や葛藤そしてポーランド農民の変容を明らかにしたなかにもみることができる [2]。加えて、企業経営の合理的側面から発生する外国人労働者問題は、当時のシカゴの食肉業界におけるポーランド移民も含めた外国人労働者の虐げられた過酷な職場環境と生活の状況にもみることができる [3]。

　外国人労働者問題は現在の日本において、農業経営における技能実習生問題としても進行している。また、悪質なインターンシップとまで揶揄され、国際的批判がある「技能実習制度」は、時代を超えて近代から今日までにつながる経営合理化の取り組みから生じる外国人労働者の人間疎外問題として、形を変えて現在に再現されている。

　その外国人労働者問題が日本においてクローズアップされはじめるのは1980 年代後半からである。象徴的なのは 1988 年の第 6 次雇用対策基本計画において、今日に続く未熟練外国人労働者の受け入れに制度上の門戸を閉ざした時に遡る。そして、この建て前のもと現在、未熟練外国人労働者を技能実習生等のかたちで受け入れ活用しているのは周知のとおりである。外国人労働者問題は、人間集団としての職場・地域社会そして日本社会での人と人との関係、すなわち、経営の社会構造を通して経営と社会に影響を与えている。

　国際的にみれば、外国人労働者問題の背景には、経営上の必要性と社会における移民排斥問題がある。雇用において経営の必要性に迫られる点と社会において自国民を優先する行動およびカルチャーの相違からくる習慣の問題まで多様な問題が職場と社会の問題として発生しているのである。これらの問題は、社会制度や経営制度の問題となって発生している。先に挙げた第 6 次雇用対策基本計画は日本の外国人受け入れ制度として、本章で論じる出入国管理及び難民認定法（以降、入管法）に反映され、外国人労働者と企業、職場の関係そして外国人労働者と日本人労働者の関係に大きな影響を与える規範として日本の経営の現状に影響を与えている。

　経営制度は組織集団を構成している成員相互の関係に影響を与えるが、分野が違う他の例も同じで、例えば賃金制度を、年功序列賃金から歩合給賃金制度に変えるとその組織集団における成員相互の関係に変化が生じるのも同様である。制度の変化は実態や関係に影響を与えるが、外国人労働者問題で言えば、入管制度あり方が外国人労働者と組織集団およびその成員の関係に影響を与えるのである。次節では、社会制度としての現在の入管制度について論じる。

第2節　現在の入管制度の問題点

　2019 年 4 月には、「出入国管理及び難民認定法及び法務省設置法の一部を改正する法律」が施行され、それまでの労働を目的とする在留資格は、専門的技術的分野の高度な人材等や熟練した一部限定的な技能を持つ人材等であったが、それらに加えて、在留資格「特定技能」[4] が創設され、これまでの在留資格「技能実習」と合わせて外国人労働者の受け入れが拡大された。

　外国人労働者の現状は、すでに、2019 年 10 月末で約 166 万人 [5] であり、現在の受け入れ制度（未熟練の外国人労働者は受け入れないという方針）と外国人労働者の現状との乖離が多方面から指摘されている（受け入れ増への貢献が期待されて創設された在留資格「特定技能」は 2020 年 4 月末時点で 4,496 人（当初目標は、19 年度で最大 47,550 人、5 年間で最大 35 万人）と目標の 1 割にも及ばない。一方、在留資格技能実習生での受け入れは前年対比で 24.5％ の伸びで在留資格別では伸び率が第 1 位であった）。

　今回創設された在留資格「特定技能」は、制度上、技能評価試験で合格し技能が認められれば [6]、特定技能労働者（単純労働者ではない熟練労働者）として就労でき、従前の労働を許可する他の在留資格に加え特定技能労働者が加わり、外国人労働者の受け入れカテゴリーが増え新たな局面に入った。しかし、「技能労働に連続する定型業務の遂行（技能を必要としな業務の遂行）」（以降、未熟練労働）[7] を担う外国人労働者についてはこれに適用する労働の在留資格は今回も整備されなかった。すなわち、1993 年に技能実習制度が創設され、当時の在留資格「研修」と一体となって、未熟練労働を担う外国人労働者の受け入れが開始され始めたが、それから 25 年ほど経った今回の「特定技能」の創設時においても、依然、未熟練労働を包含する在留資格は創設されず不明瞭な運用（在留資格「技能実習」で代用）が続いている。

　換言すれば、技能実習生は「外国人の技能実習の適正な実施及び技能実習生の保護に関する法律」第 3 条第 1 項により「技能実習は、技能等の適正な修得、習熟又は熟達のために整備され、かつ、技能実習生が技能実習に専念できるよ

うにその保護を図る体制が確立された環境で行われなければならない」とされ
労働力としての活用は第一義的目的でなく、また、第2項では「技能実習は、
労働力の需給の調整の手段として行われてはならない」と定められており、技
能実習生は制度上、国内労働市場の需給調整の対象ではない点に留意する必要
がある（傍点筆者）。一方、在留資格「特定技能」は、入国管理局（現、出入
国在留管理庁）の「特定技能外国人受入れに関する運用要領」（2019年3月）
において、「「特定技能1号」で在留する外国人に対しては、相当程度の知識又
は経験を必要とする技能が求められる相当期間の実務経験等を要する技能をい
い、特段の育成・訓練を受けることなく直ちに一定程度の業務を遂行できる水
準のものをいう」とされている。すなわち、特定技能労働者は一定の専門性・
技能を有する労働者であって未熟練労働者ではない。

　慣習国際法上、国家に入国・在留管理（immigration control）を行う権限
が国際的に認められている中、外国人労働者活用が不可避の日本において、今
回も「未熟練労働」の在留資格が不明瞭なまま（認められないまま）国際貢献
のための実習を名目とする在留資格「技能実習」が援用されて、未熟練外国人
労働者の受け入れが続く。各企業の職場においては疎外された関係の中で仕事
と生活を強いられている点を再考し、外国人労働者の日本社会での共生と国際
的視点を論じる。そして、最終的には国民的コンセンサスのうえに、外国人労
働者の活用が不可避の日本において、その受け入れ制度（在留資格等）をさら
に改革しなければならないことを論じる。

第3節　在留資格「研修」の問題を継承した「技能実習」

　少子高齢化問題の進行や生産年齢人口の減少は、日本における経済活動の減
速にとどまらず、団塊世代の介護問題への対応等社会問題の面も合わせ持って
いる。一方、1990年代からの中小企業の人手不足により、労働力需給関係が
ひっ迫する中、当時のいわゆる3K職場が敬遠されるのに加えて低収益力の中
小企業の経営問題等が、低賃金（研修手当）の外国人労働者を企業と社会に広
めるようになった。

表14-1 日本の未熟練外国人労働者等の受け入れ段階

I. 外国人労働者問題の始まり	
第1段階　〜1989年まで	
1988年の第6次雇用対策基本計画で、専門、技術的な能力や外国人ならではの能力に着目した人材の登用は、受入れの範囲や基準を明確化して可能な限り受け入れる方向とするが、いわゆる単純労働者の受入れは十分慎重に対応する、ことが閣議決定。 国連で移住労働者権利条約を審議することに日本は当初積極的であったが、89年に移住労働者権利条約に対して消極的立場を表明。経済団体等を含めた国内での議論が活発になり始まるまでの段階。	 出 稼 ぎ 期 を 前 提 と し た 取 り 組 み
II. 在留資格「研修」と技能実習制度の時代：「研修」という名の労働	
第2段階　1988年〜1993年	
経済団体等からの意見が活発になされ、政府においても調査研究が進んだ時期。留意すべき点は、技能実習制度の立案が進むと共に研修生の受入れ基準が緩和されて行った段階。	
第3段階　1993年〜1996年	
1993年に技能実習制度が創設（「技能実習制度に係る出入国管理上の取扱いに関する指針」（平成5年法務省告示第141号））され、在留資格「特定活動」が適用されるとともに、研修生には労働関連法規の適用はないが、実習生には適用された段階。	
第4段階　1996年〜2006年	
規制緩和の動きの中で研修生・技能実習生の受入れ拡大の要望が経済団体等から出され　研修制度および技能実習制度の枠組みの中で在留年数の延長が検討され、最長2年間であった研修・技能実習の期間が、1997年4月に最長3年間に延長。さらに延長が検討される段階。	
第5段階　2006年〜2010年	
2006年12月に規制改革・民間開放推進会議は第3次答申の中で外国人研修・技能実習制度の見直し等の必要性を指摘。リーマンショックを挟んで研修生・技能実習生が増加するとともに人権侵害が深刻化し、政府や行政において制度見直しの議論（廃止・存続・改革）が活発化。2010年7月には出入国管理及び難民認定法が改正され、在留資格「技能実習」が創設。在留資格「研修」は廃止されないもの実務は技能実習制度に統合された段階。	
III. 在留資格「技能実習」の時代：「実習」という労働	
第6段階　2010年〜2017年	
実習生の失踪や人権侵害等が引き続き問題となる中、人手不足の状況下で実習生が増加。介護人材を含む人手不足や受け入れ拡大の要望が引き続きされ、2016年「外国人の技能実習の適正な実施及び技能実習生の保護に関する法律」（平成28年法律第89号）（同年11月28日公布）により、技能実習の受け入れ期間をそれまでの最長3年から5年に延長、また、監督機関「外国人技能実習機構」が新設された段階。	
IV. 在留資格「技能実習」と「特定技能」の時代の始まり	定 住 期 に 向 け て
第7段階　2017年〜2020年	
「経済財政運営と改革の基本方針2018」（2018年6月閣議決定）および「特定技能の在留資格に係る制度の運用に関する基本方針について」（2018年12月閣議決定）を経て「出入国管理及び難民認定法及び法務省設置法の一部を改正する法律」により在留資格「特定技能」が創設され2019年4月から受け入れが始まった段階。しかし、当初予定した特定技能の海外での合格者は2,500人ほどで、また最大4万人の受け入れ計画からも大きく乖離している。	

資料：筆者作成

　具体的には、1990 年前後から在留資格「研修」[8] を利用した外国人労働者の政策的な受け入れが始まり、1993 年には在留資格「特定活動」を適用する技能実習制度[9] が創設され、研修や実習の名の基に未熟練労働力不足への対応がされるようになった（表 14-1）。以降、事実上の未熟練外国人労働者が増加するとともにそこから発生する諸問題も拡大して今日に至っている。

　外国人労働の受け入れを在留資格にみると、大きく 4 つに分類できる。すなわち、（A）「専門的技術的分野[10]」の在留資格」、（B）「特定活動・技能実習・研修の在留資格」、（C）「在留資格「留学」[11] の資格外活動」、および、（D）「身分[12] に基づく在留資格」、である。特に、（B）「特定活動・技能実習・研修の在留資格」および（C）「在留資格「留学」の資格外活動」、は、国内で不足する未熟練労働をこれらの在留資格を援用することにより補充してきた経緯がある。

　これまでこれらの在留資格で発生している問題をみると、在留資格「研修」では過去の不明瞭な運用において、いわゆる名ばかり研修で実際には労働基準を下回る労働条件で就労させていた実態があったり、在留資格「留学」では、留学や就学とはいえない状況下[13] で資格外活動（就労）をさせていたりする問題等が指摘されている。

　すなわち、不明瞭な過去の運用を在留資格「研修」でみると、当初、本来

表 14-2　失踪技能実習生の推移（2014-2018）

（人）

年	a 失踪 技能実習生	b 前年末 技能実習生	a/b
2014	4,847	155,206	3.1%
2015	5,803	167,626	3.5%
2016	5,058	192,655	2.6%
2017	7,089	228,588	3.1%
2018	9,052	274,233	3.3%

資料：法務省 2019.3『技能実習制度の運用に関する調査・検討結果報告書』を基に筆者作成

の目的だけでなく、不足する未熟練労働の受け入れ制度として援用され、労働者としての保護を受けない「研修生」の身分で、人手不足の企業等に供給された。しかし、労働者ではないため賃金等労働対価の支払いではない「研修手当」等の支給で済ませるといった当時の状況は、単に賃金等労働条件の問題だけでなく人権侵害の問題としても国際的に指摘[14]され、多方面から批判されるようになった。2010年7月には、やっと出入国管理及び難民認定法の改正により、在留資格「研修」は廃止されないものの問題となっていた「研修」は技能実習制度に統合された（表14-1）。

　一方、研修を統合した技能実習制度も問題は多く、例えば失踪者数は2018年で9,052人（表14-2）と多く、その多さは、依然、研修生問題の本質が解決されず問題が引き継がれていることを示す。また、受け入れ時の不明瞭な斡旋[15]等に表れているように受け入れ制度のあり方の問題も指摘されている。

第4節　外国人労働者の受け入れの3つのフェーズ

1. 社会的合理性と社会関係の視点

　在留資格ではなく、外国人労働者の社会への受け入れを3つのフェーズで考えると、（A）出稼期、（B）定住期、（C）統合期、として捉えられる[16]。「労働は商品ではない」と謳ったベルサイユ条約第427条の原則[17]やその精神を受け継いだフィラデルフィア宣言（ILOの目的に関する宣言）は、形を変えて時代時代に現れる経営社会構造の特徴の1つである。経済的合理性のみを優先しただけの非正規雇用であれば自国民、外国人を問わずそれは社会問題となる。外国人労働者問題の底流には、成員を企業の経済合理性優先で物財的位置づけでしか処遇しない場合に発生する人間的・社会的な視点から発せられる問題がある。そして、この人間的・社会的視点から入管法が抱えている未熟練外国人労働者の問題は、経営の社会構造上で把握することができる。すなわち、社会関係のあり方の問題あるいは社会的な不合理性の問題として捉えることができる。

　古くて新しいこの問題は、資本主義による近代工業化社会の発展と表裏一体で発生し、昨今の移動手段の大衆化は人のグローバル化を加速させ、外国人労働者問題を加速させている。経済格差のある国家間では、より貧しい国からより豊かな国へ人の移動はなされるが。この構造は今も昔も同様で、19 世紀から 20 世紀においては、本章冒頭でのべたとおりヴェーバー，M. のドイツの東エルベ川のポーランド人の農業労働者にみることができる[18]し、また、トマスとズナニエッキの研究におけるアメリカへのポーランド農民の移民にもみることができる[19]。当時の東エルベ地域での農業経営は、時代とともに農業労働者不足が発生し、構造的に東方からの労働者の流入に頼らざるを得なくなった。また、ポーランドからのアメリカの移住労働が、構造的には今日の日本の未熟練外国人労働者の位置づけ（社会的非合理性の中で健全な社会関係が構築できない状況）と同様であることが分かる。

　これら 2 つの事例に共通しているのは、当時の資本主義化した経済社会が必要に迫られて外国人労働者を受け入れるのであるが、受け入れ国の社会、職場で阻害されながら働き、生活をするという点である（社会的非合理性）。この状況は、技術革新が進んだ今でも形を変えて存在する。まさに、古くて新しい問題として継続して存在しているのである。

2.　社会的共生費用と受け入れフェーズ

　当時と大きく異なるのは、まだ道半ばとはいえ社会的権利の推進と人権擁護の発展があることである。日本で外国人労働者の共生問題を論じるときに、1990 年代は "内なる国際化" という言葉のもと、多くの議論がされたものの社会での実践浸透はあまり進まなかった。積極的な施策はやっと今日ようやく緒についたばかりである。自治体によっては「外国人共生センター」等を設置して取り組むようになった。都合のよい働き手としての認識ではなく、日本社会の構成員としての認識からの発想とその実践が求められる時代になっているのである。つまり、経済合理性を超える社会的費用を賄って、新たな社会を構築することが求められる社会になっているのである。表 14-1 で言えば、現在

はやっと定住期の段階に向かって動きだした段階である。

　すでに 1990 年代初めには社会的共生費用についての試算がなされ、外国人労働者の受け入れが単なる労働力の受け入れでは済まされないことが示されていた。ここで指摘する重要な点は、その具体的金額ではなく、出稼ぎ期から定住期、統合期になると、日本社会で負担する社会的費用が経済合理性をはるかに超えて大きくなることである。その構造は今も同じであるが、しかも現在は当時と違って定住期に移行しており、今後、統合期に至る状況下にある。

　具体的な試算を、財団法人日本総合研究所の調査報告書でみる（表 14-3）と、外国人労働者の受け入れフェーズを、フェーズ「(A) 出稼期」、単身で 1 年未満、日本にいわゆる出稼ぎに来ている段階、フェーズ「(B) 定住期」で 3 ～ 5 年、夫婦で生活する段階、フェーズ「(C) 統合期」で 5 ～ 10 年、夫婦と学齢期の子供 2 人の 4 人家族の段階で区分して、社会的費用と社会的便益を試算すると、フェーズ「(A) 出稼期」では、社会的費用は社会的便益の 4 分の 1 程度だが、フェーズ「(B) 定住期」では社会的費用は 2 倍強となり、フェーズ「(C) 統合期」では社会的費用は約 5 倍となる。

　すでに定住期や統合期に至っているにもかかわらず、出稼ぎ期を前提とした外国人労働者の活用の考え方に基づいて対処することは問題であり、社会的合理性の視点から職場の社会関係のバランスの維持が必要である（そのバランスが破綻すると、人権侵害問題だけでなく集団のモラールも維持できない）。定住を認めると社会的費用が大きく伸びるからといって、出稼ぎ期のままの考え方を強いるのではなく、社会的合理性を担保できる取り組みが経営上も求められている。対等な人間同士としてのコミュニケーションも含めた社会的な取り

表 14-3　外国人労働者がもたらす社会的便益とコスト比較

（億円）

	(A) 出稼期	(B) 定住期	(C) 統合期
①社会的費用	806	6,530	14,134
②社会的便益	3,266	3,116	2,989
①／②	0.25	2.10	4.73

資料：（財）日本総合研究所、1992、『外国人労働者受入れに伴う社会的コストに関する調査報告書』、130 頁

組みができる社会関係の構築が極めて重要となる。

第5節　中核となった技能実習生：在留資格構成の変化

　ここ30年の外国人労働者の主たる在留資格の変化を前述の分類、すなわち、
（A）「①専門的技術的分野の在留資格」、（B）「②特定活動・③技能実習の在留
資格」、（C）「④在留資格留学の資格外活動」、（D）「⑤身分に基づく在留資格」
でみる（図14-1　第4段階）と、1998年（表14-1　第4段階）で、（B）「②特定活動・
③技能実習の在留資格」と（C）「④在留資格留学の資格外活動」の合計した
構成比は11.0％しかなかったが、2019年（表14-1　第7段階）に＋37.1％ポ
イントも増加し48.1％となっている。一方、1998年に61.4％もあった④身分
に基づく在留資格は、2019年で29.3ポイントも減少し32.1％と大きく後退し
ている。

　また、在留資格「研修」の大半は実質的には労働であったが名目上は研修で

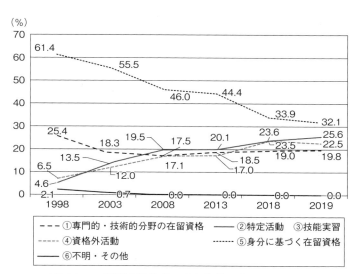

図14-1　外国人労働者の在留資格の類型別の変化
資料：厚労省『外国人雇用状況の届出状況について』を基に筆者作成

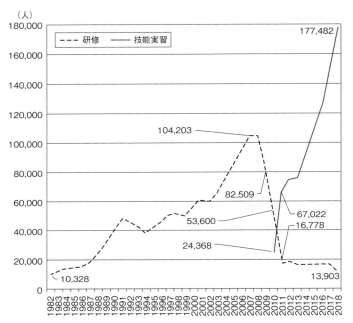

図 14-2　研修生・技能実習生の出入（帰）国者数の推移（1982-2018）
資料：法務省統計『出入国管理統計 出入（帰）国者数』を基に筆者作成

あったため、当時、社会問題となり、2010 年（表 14-1　第 6 段階）に実務研修を実施しないことになった。研修生は既述の通り労基法上の労働者ではないとの扱いであるので、「図 14-1　外国人労働者の在留資格の類型別の変化」の労働者にはカウントされていない。しかし、実質的には労働者であるので研修生の推移（図 14-2）をみると、技能実習生として扱われることになった 2010 年に激減し（労働力を研修生として受け入れることをしなくなったため）、代わって在留資格「技能実習」で増加しているのが分かる。

　受け入れの各段階を通して一貫して、受け入れ人数の拡大と受け入れ年数の延長が図られ、結果として現在、技能実習生については 3 号まで通算 5 年が認められている（表 14-1）。未熟練労働の受け入れが、在留資格「研修」の援用から始まり、在留資格「特定活動」の技能実習生を経て、在留資格「技能実習」

に軸足を移しながらも、未熟練労働の在留資格は整備せず、また、労働市場全体の需給調整制度も整備せず、在留資格「技能実習」で代用しながら受け入れをしているのが分かる[20]。そして現在、在留資格「技能実習」は未熟練外国人労働者受け入れの実質的制度として機能している。

第6節　国際的に不明瞭な技能実習生：国連での考え方

　外国人労働者の処遇を ILO でなく国連[21] で審議したものに、当時の国連・人権小委員会での「すべての移住労働者とその家族の権利保護に関する条約」（International Convention on the Protection of the Rights of All Migrant Workers and Members of Their Families[22]、以降、条約）の審議がある。起草過程では条約の対象となる移住労働者の範囲（scope）が審議され、trainee（実習生／研修生）等の位置づけが整理された[23]。日本では未熟練労働の事実上の供給制度である技能実習制度を、実習制度であって労働の受け入れ制度でないとしているが、国際的にみると違和感がある。

　すなわち、この審議により条約第2条で、その国の国籍を有せず対償を得る活動の従事者あるいはその予定者を8つの類型の移住労働者として規定されたが、現在の日本の「技能実習生」と「特定技能労働者」は、同条第2項（g）「特定雇用労働者」に該当し、「期限付」・「特定の雇用」・「帰国が前提」で、「ある一定限度を越えて延長の可能性がない」移住労働者である。また、あわせて、審議過程で trainee（実習生／研修生）は、その本来の活動目的が労働ではないため移住労働者のカテゴリーには含めず、適用除外対象（条約第3条）の1つとなった（実質的に労働者であるなら trainee（実習生／研修生）ではない）。国連の人権小委員会での起草過程の審議で別のカテゴリー（条約第3条の適用除外）として区分された trainee（実習生／研修生）を、日本では、労働者として援用している。「技能実習」（未熟練）が「特定技能」（熟練）と制度上も補完的になっているのは、国際的に違和感がある。

　また、条約の特徴の1つを挙げれば、単に労働条件に関する問題だけを扱っているのではなく、移住労働者がさらされる基本的人権侵害を広くカヴァー

している点である。日本では、在留資格「研修」で指摘された"実際には労働をしているのに労基法の適用がない"といった問題は、労基法が適用される技能実習生には発生しない。しかし、重要なことは労働条件の問題だけではなく、共生を実践するには、条約の規定する基本的人権に関わる問題にどのように取り組むかである。この問題構造は、条約を批准していなくとも、各国での外国人労働者を取り巻く問題に共通しており、日本でも同様に構造的に発生している問題である。技能実習生の労働の実態およびその在留期間が通算で最長5年にもなることを考えれば、技能実習生は条約第3条（条約適用除外）のtrainee ではなく、前述の条約第2条第2項（g）「特定雇用労働者」であって在留資格「特定技能」と同列に考えなければならない。

　国際的にみれば、「期限付」・「特定の雇用」・「帰国が前提」で、「ある一定限度を越えて延長の可能性がない」移住労働者であり、労働を目的としたカテゴリーの在留資格の1つとするのが国際的に整合性・合理性のある制度なのである。

第7節　結　論

　外国人労働者の受け入れでは、日本はこれから定住期から統合期へ移行する。既述のとおり、社会的コストは、狭義の費用だけでなく文化的摩擦の克服等も含めて今後大きなものとなっていく。日本社会の物質的な生活の質を下げないのであれば、社会が経済と一体となって発展せざるをえないことは論をまたない。外国人労働者の受け入れの第1フェーズは出稼ぎ期であるが、現在はそこからすでに第2フェーズ定住期に移行している。しかし、受け入れ制度の実態は、第1フェーズの延長線上のままで外国人労働者を受け入れている。特に一部の零細企業の汲々とした経営において社会的合理性を欠いた外国人労働者の受け入れが拡大している。健全な経営とその成員（社員）の活性化を進めるためには、経営の前提となる社会制度の修正が不可欠である。

　冒頭に述べたように創設された「特定技能」は、相当程度の知識又は経験を必要とする技能が求められる相当期間の実務経験等を要する技能をいい、特段

の育成・訓練を受けることなく直ちに一定程度の業務を遂行できる水準のものをいうのであって、「技能労働に連続する定型業務の遂行」（未熟練労働）を制度上含んでいない。にもかかわらず、1990 年前後から未熟練外国人労働者の政策的受け入れが産業界の要望を反映し促進されてきた（表 14-1）。具体的には研修生から始まり現在は技能実習生等が中核となっている。創設された「特定技能は制度的には既述のとおり未熟練労働の在留資格ではなく、国会での山尾議員に対する安倍前首相の答弁でも、「特定技能」は一定の専門性、技能を有する外国人材の受け入れで、従来の基本方針を変更するものではないとし、1988 年の第 6 次雇用対策基本計画の基本方針 24) が繰り返し 25) 説明された。しかし、技能実習生等未熟練外国人労働者が増加し中核をなしている現状において、未熟練外国人労働者の在留資格の整備には、共生・人権の視点から国際的妥当性が求められる。

　いくら在留資格に "実習" を冠しても、実態が労働を目的に活動し生活をしているのであれば、それに応じた自由権、社会権の検討が必要であることは世界各国の経験と歴史が示している。そして、世界の移民問題をみればそれが国を揺るがす問題に発展することも自明である。日本も現実から目をそらすことはできず、実習ではなく労働者として来日している現実について、国民的議論により未熟練外国人労働についてのコンセンサスを形成し、創設された「特定技能」も含めた外国人労働者の在留資格を定住期を前提に再整備し、第 3フェーズの統合期に向けて抜本改革をすることは、産業の高度化を伴った今後の日本社会の健全な発展には避けては通れないステップである。

【補　　論】

　本章の対象は、2019 年 4 月に導入された特定技能とそれと補完的な技能実習制度であったが、日本の外国人労働者問題はこれと表裏一体の「高度外国人労働者問題」が別途ある。

　今日、本来なら産業の高度化実現のために増加しているべき、（A）「①専門的技術的分野の在留資格」（図 14-1）、が 1998 年は 25.4% あったのが、ここ

10年回復傾向とはいうものの本来もっと高いウエイトに変化していなければ
ならなかったが依然2019年で19.8%と21年で5.6%減少している問題である。
日本は同質的国民の特徴を持つが、同様な先進国を参考にするだけではなく移
民国家等も参考に高度人材についてさらに考えていく必要がある。例えばオー
ストラリアは、外国人労働者の計画的導入と共生の両輪を効果的に実践してい
る事例の1つで、労働力としてワーキングホリデー等も効果的に利用し、加え
て、日本ではいまだ整備されていない"労働市場全体の需給状況をふまえた計
画的な外国人労働者政策"（翁（2019））も積極的に実践している。

　また、オーストラリアでは外国人労働者が増える中、社会経済成長の前提と
なる"共生の個々の阻害問題を解決できる社会システム"を整備している。例
えば、職場での労働問題も含めた人権侵害の救済システムをフェアワーク・オ
ンブズマン（Fair Work Ombudsman、FWO）等が実践している。FWOは
行政組織体であるが、オンブズマンという表現がされているように、中立的な
取り組みによりチェック機能を発揮し、共生の実践システムとして効果的に稼
働させている。

　日本の外国人労働者問題の取り組みは、高度人材から未熟練人材まで労働市
場全体の需給状況をふまえた計画的な外国人労働者政策の立案・推進と個々の
共生問題が解決できる社会システム整備・推進の2つを同時に実践する必要が
ある。

注
1)　本章は、2019、「創設された"特定技能"と不明瞭な"未熟練外国人労働の在留資格"：増
　　加する技能実習生の位置づけは？『経営センサー』No.216、東レ経営研究所、を発展させて
　　論じた。
2)　Thomas, Eilliam I., Znaniecki Florina, 1958, *The Polish Peasant In Europe and
　　America*, Vol.2, Dover Publications, Inc., pp.1467-1827.
3)　Thomas, Eilliam I., Znaniecki Florina, 1958, *The Polish Peasant In Europe and
　　America*, Vol.2, Dover Publications, Inc., pp.1655-1702.
4)　第197回国会（臨時会）で「出入国管理及び難民認定法及び法務省設置法の一部を改正す
　　る法律」が成立（2018.12.08）し在留資格「特定技能」が創設された。（2018.12.14. 公布）（平

成 30 年法律第 102 号）

5)　165 万 8804 人（「外国人雇用状況」の届出状況（2019 年 10 月末現在））。2019 年 10 月末は 146 万 463 人。なお、第 1 回外国人雇用状況報告（1993 年）の集計結果は 9 万 6,528 人であった。当時の同報告では合法不法の外国人労働者は 60 万人以上と推定されていた。

6)　一定の専門性・技能を有し即戦力となる外国人.

7)　1990 年施行の改正出入国管理および難民認定法では、特別の知識や技能のある外国人就労のための在留資格は個別に創設されたものの、未熟練労働者については、1988 年の第 6 次雇用対策基本計画で、受け入れをしない旨の閣議決定がなされて以来、現在もその在留資格は設けられていない。

8)　外国人研修制度：研修の在留資格が入管法で正式に設けられたのは、難民の地位に関する条約が批准された 1981 年に、1951 年の出入国管理令が改正され、1982 年に施行された出入国管理および難民認定法においてで、日本が技術移転により開発途上国における人材育成に貢献すること、を目的にしていた。それまでの研修目的の入国者は、出入国管理令における、特に定める者のうち法務大臣が特に在留を認める者、と定められた在留資格により入国が認められていた。研修生は労働者ではないため労働基準法の適用はない。

9)　技能実習生制度：開発途上国への技術・技能移転による国際協力・国際貢献のために、外国人を受け入れて実務実習により人材育成を行うことを第一義的目的とする制度である。この制度は、1989 年に東京商工会議所の外国人労働者問題特別委員会により提唱された「外国人労働者熟練形成制度」が基礎になっており、働きながら技能を習得することをその内容にしている。1991 年に行政改革推進審議会（第三次行革審）において「外国人技能実習制度」が提言され、1993 年に創設された。当初は技能実習生の在留資格は特定活動（法務大臣が個々の外国人について特に指定する活動）が適用された。

10)　例えば、教授、芸術、宗教、報道、高度専門職、経営・管理、法律・会計業務、医療、研究、教育、技術・人文知識・国際業務、企業内転勤、介護、興業、技能、等。

11)　在留資格「就学」は、「出入国管理及び難民認定法及び日本国との平和条約に基づき日本の国籍を離脱した者等の出入国管理に関する特例法の一部を改正する等の法律」（2007.15 公布、2010.7.1 施行）により「留学」に統合された。

12)　日本人の配偶者等、永住者の配偶者等、定住者、等。在留中の活動に制限はなく報酬を受領できる。例えば、日系二世、三世等。

13)　例えば、日経新聞「留学生在籍数、定員の 7.4 倍に、東京福祉大系専門学校」（2019.7.11. 朝刊）

14)　例えば、『2007 年人身売買報告書』（米国務省）は、未熟練外国人労働者の実質的な受け入れ制度になっている研修・技能実習制度について人権侵害等があり公正な受け入れがされていない、と指摘した。

15)　例えば、朝日新聞「技能実習で違法謝礼：日本側の監理団体、派遣元から受領」

（2019.9.19 朝刊）、および日経新聞「厚労政務官が辞表提出：在留資格で口利き疑惑報道」
（2019.9.29 朝刊）等。

16)　表 14-1 では、現在が定住期に向けた取り組みの段階として位置付けている。

17)　ゴンパース，サミュエルは、パリ講和会議（1919 年）で国際労働法制委員会委員として
立案に貢献した。

18)　肥前栄一 2003『東エルベ・ドイツにおける農業労働者の状態』未来社

19)　Thomas, Eilliam I., Znaniecki Florina, 1958, *The Polish Peasant In Europe and America*, Vol.2, Dover Publications, Inc., pp.1467-1827.

20)　本来、未熟練労働者数のあり方は、産業における生産性や産業政策上の計画が反映され
るべきである。

21)　国連の議論は、ILO が相対的に先進国、ヨーロッパのウエイトが高いのに対してより国
際的である。

22)　第 45 回国連総会で採択（1990.1218.）、発効（2003.7.1.）.

23)　*UN Documents*, A/C.3/38/1, A/C.3/39/4, A/C.3/40/1.

24)　安倍前首相「…引き続き、政府としては、例えば、法務省が例に挙げるような特段の技
術、技能、知識又は経験を必要としない労働に従事する活動を行う外国人を受け入れる政策
については、これをとることは考えておりません。今回の新たな受入れは、あくまで、専門
的、技術的分野を拡充し、一定の専門性、技能を有する外国人材を受け入れようとするもの
であり、従来の基本方針を変更するものではありません」（衆議院本会議、2019.11.13.）。

25)　イギリス（2015）やオーストラリア（2018）の現代奴隷法、フランス（2017）の人権
デューデリジェンス法、その他国際的なサプライチェーンでの人権侵害防止への取り組み等、
30 年前と異なって、国際意識は格段に高くなっている。

あ と が き

　人が関わり合っているところに社会は存在する。そして人が関わり、活動しているひとつに経営がある。本書では、近代以降について、経営社会学の視座から表裏一体の経営と社会を論じた。

　今日、「経営」というと経済合理性のみを考える人が多いが、経営社会学の視座からみると、広義の経営は人間の持つ非合理性・合理性および財やサービスの経済合理性により構成されており、本書では特に人間の持つ非合理性・合理性から経営を論じた。

　中世、近世の活動では、近代以降のような科学・技術の発達はなく、人間の持つ非合理的考え方が人の行動に大きく影響を与えていたが、近代の始まりはまさにそこからの脱却であった。しかし、大量消費時代になると、経済合理性が強く社会を支配するようになり、今日、そこから生じる諸矛盾が広く認識されている。

　近代社会の始まりに、ヴェーバー，M.はすでに産業資本主義における人々の活動の行く末を、産業資本主義を創出した当時の世俗内禁欲と職業観念を基礎に持つ合理的生活態度からの活動ではなく、技術的・経済的・合理的メカニズムに人々が組み込まれ支配された活動になるとした。それは、化石燃料の一片が燃え尽きるまで続くとしている。視点を変えれば、社会と経営は、組織・集団を構成する人の意識と態度により形成されているということでもある。

　それを例示的に日本的経営で言えば、その特徴の源泉が、日本的集団志向性（日本の職場での集団志向の人と人との結びつき方）にあることを本書で指摘した。そして組織・集団のそうした関係性が変わらない限り、日本における経営のあり方は本質的には変わらないことも意味する。

　また、同じ経営問題であっても経営現象は時代によって異なる。なぜ異なるかは、物理的技術的環境の変化によるだけでなく、組織・集団の成員の意識やエートスが時代とともに変化するからである。社会関係、相互関係により形成

される社会構造のあり方が変化すれば新たな経営社会現象が生じるのである。

　今の時代に適合する経営と社会を実現するには、科学・技術の発展の上に人の持つ非合理性と合理性による社会構造を認識して、組織・集団の成員の統合に取り組まなければならない。

2020 年 10 月

野瀬正治

（追記）

　表紙の「僚船を見守る帆船」は、中世からはるかに科学・技術が発達している今日も同様で単に機械的メカニズムだけでなく人と人との相互関係により組織・集団の活動が実践されていることを表している。

カヴァー写真

「僚船を見守る帆船」野瀬知恵子作

（ステンドグラス、720mm×500、2010 年 11 月）

参考文献

青井和夫、綿貫譲治、大橋幸、1973、『集団・組織・リーダーシップ』培風館

荒木尚志、1991、『労働時間の法的構造』有斐閣

——、2004、「労働、立法における努力義務規定の機能：日本型ソフトロー・アプローチ？」『COE ソフトロー・ディスカッション・ペーパー・シリーズ』COESOFTLAW-2004-11 東京大学

有田謙司、2009、「雇用関係の変容とイギリス労働法理論・雇用契約論の展開」イギリス労働法研究会 編『イギリス労働法の新展開：石橋洋教授 小宮文人教授 清水敏教授 還暦記念』成文堂

——、2009、『イギリスにおける有期雇用契約の法規制』厚生労働省有期労働契約研究会第5回資料

岩田龍子、1977、『日本的経営の編成原理』文眞堂

——、1984、『日本的経営の編成原理』文眞堂

——、1985、『日本の経営組織』講談社

市原季一、1982、『ニックリッシュ』同文館

石坂巌、1968、『経営社会政策論の成立：巨大経営組織と機械化労働の問題』有斐閣

——、1978、『経営社会学の系譜』木鐸社

石田英夫、2000、「研究人材マネジメントと研究業績：民間研究所と公的研究所の研究者の意識調査」『組織行動研究』第30号

ウィンズレイド、J.・モンク、J.（国重浩一・バーナード紫訳）、2010、『ナラティブ・メディエーション：調停・仲裁・対立解決への新しいアプローチ』北大路書房

ヴェーバー、M.（大塚久雄訳）、1989、『プロテスタンティズムの倫理と資本主義の精神』岩波文庫

エプスタイン、E.M.（中村瑞穂 他訳）、1996、『企業倫理と経営社会政策過程』文眞堂

戎野淑子、2006、『労使関係の変容と人材育成』慶應義塾大学産業研究所叢書

面地豊、1993、「ブリーフスの経営社会学」『西独経営社会学の展開』千倉書房

——、1994、『労働の人間化と経営社会学』千倉書房

——、1998、「経営と疎外」『経営社会学の生成』千倉書房

——、2002、『経営社会学の生成』千倉書房

——、2002、「ブリーフスの経営社会学」『経営社会学の生成』千倉書房

——、2002、「ブレンターノと労働者問題」『経営社会学の生成』千倉書房

翁百合、2019、「オーストラリアの移民政策の現状と評価 —— 注意深い開国政策による人口増

加で成長を実現」『Viewpoint』No.2018-015、株式会社日本総合研究所

大石玄、2009、「EU 指令の国内法化にともなうスペイン労働法の変化：男女均等待遇と有期雇用縮減への取り組みを中心に」『日本労働研究雑誌』No.590

尾高邦雄、1963、『改訂 産業社会学』ダイヤモンド社

──、1981、『産業社会学講義』岩波書店

──、1997、『日本的経営：その神話と現実』中公新書

加藤勝康・飯野春樹、1987、『バーナード』文眞堂

梶川敦子、2005、「ホワイトカラー労働者と労働時間規制の適用除外『日本労働法学会誌』No.106

川本卓司・篠崎公昭、2009、「賃金はなぜ上がらなかったのか？：2002 ～ 07 年の景気拡大期における大企業人件費の抑制要因に関する一考察」『日本銀行ワーキングペーパーシリーズ』No.09-J-5

小嶌典明、2015、『労働法改革は現場に学べ！ これからの雇用・労働法制』労働新聞社

榊原清則、1995、『日本企業の研究開発マネジメント』千倉書房

笹島芳雄、2016、「ホワイトカラー・エグゼンプションの日本企業への適合可能性」『日本労働研究雑誌』No.670

下井隆史、2008、「個別労働紛争の解決援助について ── 調整委員の経験から考えられること等」『日本労働法学会誌』112 号　法律文化社

──、2009、『労働法』有斐閣

シュー、F. L. K.（作田啓一 浜口恵俊 共訳）、1980、『比較文明社会論』培風館

清水幾太郎 訳、2005、「第 3 節社会的関係」『社会学の根本概念』岩波書店

島田陽一、2018、「働き方改革と労働時間法制の課題」『ジュリスト：連載働き手・働き方の多様化と労働法』No.1517

白井泰四郎、1996、『労使関係論』日本労働研究機構

鈴木辰治・角野信夫 編著、2000、『企業倫理の経営学』ミネルヴァ書房

世良晃志郎　訳、1973、『支配の社会学Ⅱ』創文社

田中信世、2009、「最近の EU の雇用情勢と雇用対策」『季刊 国際貿易と投資』Autumn 2009/No.77、（財）国際貿易投資研究所

帖佐隆、2007、『職務発明制度の法律研究』成文堂

津田眞澂、1977、『日本的経営の論理』中央経済社

──、1978、『日本的経営の論理』中央経済社

──、1981、『現代経営と共同生活体』同文館

塚本成美、2003、「経営社会学的思考の生成 ── 経営社会学の基層（1）」『城西経済学会誌』城西大学経済学会

──、2004、「労働社会問題と経営 ── 経営社会学の基層（2）」『城西経済学会誌』城西大学経

済学会

鼓肇雄、1971、『マックス・ヴェーバーと労働問題』日本労働協会

寺岡寛、2018、『中小企業の経営社会学 ― もうひとつの中小企業論』信山社

テレサ・アマビール、スティーブン・クレイマー、2017、（中竹竜二、樋口武志訳）『マネジャー
　の最も大切な仕事：95%の人が見過ごす「小さな進歩」の力』英治出版

ドイッチ、M.,（杉田千鶴子訳）、1999、『紛争解決の心理学』ミネルヴァ書房

内藤忍、2009、『イギリスの行為準則（Code of Practice）に関する一考察：当事者の自律的取
　組みを促す機能に注目して』労働政策研究・研修機構 Discussion Paper 09-05.

野瀬正治、1997、「未熟練外国人労働者受け入れ制度の問題点について ―― 未熟練労働者の在
　留資格に関する国際的視点からの考察」『Japan Research Review』Vol.7.No.6、株式会社
　日本総合研究所

――、1998、「わが国の新たな個別的労使紛争処理システム：英米の労使紛争処理システムか
　らの示唆」『Japan Research Review』Vol.8、No.6

――、1998、「日本の新たな個別的労使紛争処理システム：英米の労使紛争処理システムから
　の示唆」『Japan Research Review』Vol.8、No.6

――、1999、「代替的紛争処理（ADR）と労使紛争：英米からの示唆」『国際公共政策』第4
　巻第1号、大阪大学

――、2002、「新時代の企業、個人そして社会：急がれる中立機能のビルトイン」『学士会会
　報』第835号

――、2004、「未熟練労働者の在留資格の再考を」『ビジネス・レーバー・トレンド：選択を
　迫られる外国人労働者受け入れ ―― 人材開国と少子高齢化の狭間で』12月号、独立行政法
　人労働政策研究・研修機構

――、2004、『新時代の個別的労使関係論：社会・企業・個人間の調整システム』晃洋書房.

――、2006、『第2版 新時代の個別的労使関係論：社会・企業・個人間の調整システム』晃洋
　書房

――、2007、『企業と個人間のトラブル状況及びその解決方法に関する調査報告書』科研費調
　査報告書、基盤研究（C）

――、2011、「わが国の個別労働紛争調整システムの課題 ― イギリスとの比較を中心に」『日
　本労働研究雑誌：特集 個別労働紛争の背景と解決システム』No/613、労働政策研究・研修
　機構

――、2011、「わが国の非典型労働制度の課題 ― イギリス、オランダ、スペインからの示唆」
　関西学院大学社会学部紀要 大村英昭教授退職記念号 第112号（2011）

――、2011、"日本の個別労働紛争調整システムの課題：イギリスとの比較を中心に"『日本
　労働研究雑誌：特集 個別労働紛争の背景と解決システム』No/613、労働政策研究・研修機
　構

──、2012、「個別的労働紛争と企業内外での解決（ADR）促進：ACAS と実態調査からの示唆」『仲裁と ADR』Vol.7

──、2012、「個別労働紛争と人事労務管理：法・経営・社会学の視座から」『ジュリスト』No.1441、有斐閣

──、2012、『変化する労働社会関係と統合プロセス ── 社会化する企業・NPO・ソーシャルキャピタル・情報通信技術』晃洋書房

──、2017、「日本版コーポレート・オンブズマンのすすめ」『経営センサー』No.196、東レ経営研究所

──、2018、「日本版ホワイトカラー・エグゼンプションに向けて」『経営センサー』No.206、東レ経営研究所

野村美明、2009、「ART としてのリーダーシップ：対話による実践知の言語化」『国際公共政策研究』14 巻第 1 号、大阪大学間宏、1997、『経営社会学』有斐閣

──、1979、『経営福祉主義のすすめ』東洋経済新報社

──、1982、『イギリスの社会と労使関係：比較社会学的考察』日本労働協会

──・北側隆吉 編、1985、『経営と労働の社会学』

──、1978、『日本労務管理史研究』お茶の水書房

開本浩矢、2006、『研究開発の組織行動』中央経済社

肥前栄一、2003、『東エルベ・ドイツにおける農業労働者の状態』未来社

藤川恵子、2007、『アメリカ公正労働基準法とホワイトカラー・エグゼンプション ── 労働時間に関する考察を中心に』Works Review Vol.2、リクルートワークス研究所

藤田友敬編、2008、『ソフトローの基礎理論』有斐閣

福谷正信、1996、「研究者の処遇」『組織行動研究』第 26 号

本庄淳志、2009、「オランダの非典型雇用の現状と課題」『月刊　世界の労働』第 59 巻　第 11 号、財団法人日本 ILO 協会

松島静雄、1962、『労務管理の日本的特質と変遷』ダイヤモンド社

三隅二不二編、1987、『働くことの意味：Meaning of working life（MOW）の国際比較研究』有斐閣

三戸公、1993、『家の論理（1）』文眞堂

村田稔、1985、『経営社会学』（経営会計全書 24）、日本評論社

森五郎、1987、『人事・労務管理の知識』日本経済新聞社

山川隆一編、2007、『「企業内紛争処理システムの整備支援に関する調査研究」中間報告書』労働政策研究報告書 No.86

山本和彦、山田文、2009、『ADR 仲裁法』日本評論社

吉兔光顕、1988、「外国人労働者問題の検討状況と今後の対応」『季刊労働法』No.149、総合郎研究所

渡瀬浩、1970、『経営社会学』（経営学全書 36）、丸善出版

和田安弘、2001、『法と紛争の社会学』世界思想社

和田一郎、2010、「非正規雇用労働法制等に関する欧州視察に向けて」『経営法曹』第 165 号、経営法曹会議

株式会社日本総合研究所、2002、『産業競争力強化に向けた雇用関係の在り方に関する調査研究』（経済産業省委託調査）

外国人雇用対策課（1993-2018）『外国人雇用状況の届出状況について』厚労省

経済開発協力機構（労働省訳・編）、1972、『OECD 対日労働報告書』日本労働協会

厚生労働省、2008、『平成 19 年賃金事情等総合調査』

―――、2005、『平成 17 年就労条件総合調査』

―――、2006、『平成 17 年有期契約労働に関する実態調査結果の概況』

―――、2010、『非正規労働者の雇止め等の状況について（8 月報告：速報）』

―――、2010、『有期労働契約研究会報告書』有期労働契約研究会

―――、2017、『平成 29 年就労条件総合調査』

―――、2018、『平成 28 年就労条件総合調査』

―――、2018、『平成 29 年就業構造基本調査結果の概要（速報）』

―――、1998-2019、『外国人雇用状況の届出状況について』

―――、『就労条件総合調査』（2011 年～ 2018 年）

―――、2002、『雇用管理調査』

―――、2007.12、『平成 19 年就労条件総合調査』

―――、2018.10、『平成 30 年就労条件総合調査』

財団法人日本総合研究所、1992、『外国人労働者受入れに伴う社会的コストに関する調査報告書』

―――、1992、『外国人労働者受入れに伴う社会的コストに関する調査報告書』

社団法人発明協会、2002.12.19、「職務発明に関するアンケート」『特許制度小委員会中間取りまとめ』特許制度小委員会中間取りまとめ

内閣府、2008、『平成 12 暦年連鎖価格 GDP 需要項目別時系列表』

日本弁護士連合会 ADR センター編、2012、『労働紛争解決と ADR』

日経 BP 社、2001、「明日も技術者でいるために」『日経エレクトロニクス』2001 年 11 月 5 日号.

日本経済団体連合会、2005、『ホワイトカラー・エグゼンプションに関する提言』

法務省、1992-2019、『出入国管理統計出入（帰）国者数』

―――、2019.3『技能実習制度の運用に関する調査・検討結果報告書』

未来投資会議、2018、『未来投資戦略 2018 ―――「Society5.0」「データ駆動型社会」への変革』

労働基準局監督課「企画業務型裁量労働制」『裁量労働制の概要』

労働政策研究・研修機構、2005、『労働政策研究報告書（諸外国のホワイトカラー労働者に係

る労働時間法制に関する調査研究)』No.36

Abegglen, J.C.,1958, *Management and Worker*, Ayer Company Publishers.

――, 1973, *Management and Worker*, Sophia University Tokyo.

Aileen Mccolgan, "Fixed-term Employees (Prevention of Less Favourable Treatment) Regulations 2002: Fiddling while Rome Burns?", *Industrial Law Journal* Vol.32, UK.

Barle, Jr. Adolphe A. and Gardiner C. Means, 1932, *The Modern Corporation and Private Property*, New York: Macmillan.

Barnard, Chester I., 1938, *The Functions of the Executive*, Harverd University Press.

――, 1938, *The Functions of the Executive*, Harvard University Press.

Berger, Peter L., 1967, *The Social Construction of Reality: A Treatise in the Sociology of Knowledge*.

BERR, 2008, "Agency working in the UK: A review of the evidence", *Employment Relations Research Series* No.93.

Bohm, D., 1996, *On Dialogue, Routledge*.

――, 2004, *On Creativity, Routledge*.

Boulding, Kenneth E., 1962, *Conflict and Defence: A General Theory*.

Centraal Bureau voor de Statistiek, 2010, *Annual Report for 2009*, Statistics Netherlands.

Cunningham, Naomi and Michael Reed, 2010, *Employment Tribunal Claims, LAG Education and Service*, Trust Limited.

Dahrendorf, Ralf, 1959, *Sozialstruktur des Betriebs-Betriebssoziologie*, Betriebswirtschaftlicher Verlag, S.16. (石坂巌、鈴木秀一、池内秀己訳、1985、『経営社会学』三嶺書房、24.

――, 1956, *Industrie- Und Betriebssoziologie*, Sammlung Göschen, Band 103, Walter de Gruyter & co., S24-25. (池内信行・鈴木秀壽 訳、1961、『産業社会学』千倉書房。28-29 頁)

――, 1992, *Der modern soziale konflikt: Essay zur Politik der Freiheit*, Deutsche Verlags -Anstalt. (=2006、加藤秀治郎 檜山雅人 訳『現代の社会紛争』世界思想社)

Deery, Stephen and Mitchell, Richard, 1999," The Emergence of Individualisation and Union Union Exclusion as an Employment Relations Strategy", *Employment Relations*, The Federation Press.

Derek, Mitchell and Mitchell, Wendy, 2010, *Research Paper: An evaluation of the ACAS in-depth advisory service*, ACAS.

Donaldson, Thomas and Dunfee, Thomas W., 1999, *Ties That Bind : A Social Contracts Approach to Business Ethics*, Harvard Business School Press.

Donham, Wallace Brett, 1944, Education for responsible living: the opportunity for liberal -arts colleges, Harvard University Press.

――, 1931, *Business Adrift*, McGraw-Hill Book Co., Inc.

――, 1944, *Education for responsible living: the opportunity for liberal-arts colleges*, Harvard University Press.

Dunlop, John T.,1971, *Industrial Relations Systems*, Southern Illinois University Press.

European Commission, 2006, *Employment in Europe 2006*.

European Foundation, 2010, *Flexible forms of work: 'very atypical' contractual arrangements*.

Follett, Mary Parker, 1930, *Creative Experience*, Longmans, Green and Co..

――, (Metcalf, H.C. and Urwick, L., ed.), 1940, *Dynamic Administration: The collected papers of Mary Parker Follett*, Harper & Brothers Publishers

――, (Urwick, L. ed.), 1949, *Freedom & Co-ordination: Lectures in Business Organization*, Management Publications Trust Ltd.

――, 1918, *The New State: Group Organization*, the Solution for Popular Government.

――, 1918, *The New State: Group Organization*, the Solution for Popular Government.

――, (Graham, Pauline ed.), 1994, *Mary Parker Follett Prophet of Management*, President and Fellows of Harvard College.

Georg Simmel, 1890, Sociale Differenzierung, Sociologische und Psychologische Untersuchungen, Duncker & Humblot. Georg Simmel (1908) "Ⅰ. Das Problem der Soziologie", "Ⅲ. uber-und Unterordnung" Soziologie, Untersuchungen uber die Formen der Vergesellschaftung, Duncker & Humblot. (= 1970、居安 正 訳『社会分化論』現代社会学大系第1巻、青木書店)

Gibbons, Michael, 2007, *Better Dispute Resolution: A review of employment dispute resolution in Great Britain*, Department of Trade and Industry.

Graham, Pauline ed, 1994, *Mary Parker Follett Prophet of Management: A Celebration of Writings from 1920s*, President and Fellows of Harvard College.

Granovetter, M., *Society and Economy: Framework and Principles*, The Belknap Press of Harvard University Press.

ILO, 2015, *World Employment Social Outlook 2015: The changing nature of jobs*.

Latreille, Paul L., 2010, *Research Paper Mediation at work: of success, failure and fragility*, ACAS.

Likert R., Likert J.G., 1976, *New Ways of Managing Conflict*, McGraw-Hill Book Company.

Luhmann, Niklas., 1993, *Das Recht der Gesellschaft*, Suhrkamp Verlag. (=2004、馬場康雄 上村隆広 江口厚仁 訳『社会の法』法政大学出版局)

Mark, Peters, Seeds, Ken, Harding, Carrie, Garnett, Erica, 2010, *Findings from the Survey of Employment Tribunal Applications 2008, Employment Relations*, Research Series No.107, Department for Business, Innovation and Skills.

Marsden, David W., 1999, *A Theory of Employment Systems*, Oxford University Press Inc.

Mitchell, Derek. and Wendy Mitchell, 2010, *Research Paper: An evaluation of the ACAS in-depth advisory service*, ACAS.

Naomi, Cunningham and Reed, Michael, 2010, *Employment Tribunal Claims, LAG Education and Service Trust Limited*.

Nicola Massarelli, "Monika Wozowczyk, 2010, European Union Labour Force Survey – Annual results 2009", *Eurostat Data in Focus 35/2010*, European Union.

Nose, Masaharu, 2009, "The Reform of Researchers/Engineers' Employment System: From the Perspectives of Legislation and Motives", International Public Policy Studies, Vol.14 No.1 (No.25), Osaka University.

Pelz, Donald C. and Andrews, Frank M., 1976, *Scientists in Organizations: Productive Climates for Research and Development* (Revised Edition), 2nd ed., Institute for Social Research, The University of Michigan.

Peters, Mark., Ken Seeds, Carrie Harding, and Erica Garnett, 2010, *Findings from the Survey of Employment Tribunal Applications 2008*, Employment Relations Research Series No.107, Department for Business, Innovation and Skills.

Roethlisberger, F.J, Dickson, W.J. Wright, H.A., 1939, *Management and the Worker*, Harvard University Press.

Roethlisberger, F.J., Dickson, W.J.Wright, H.A., 1939, *Management and the Worker*, Harvard University Press.

Silver, Isidore, 1967, "The Corporate Ombudsman" *Harvard Business Review*.

Simmel, Georg, 1890, *Über sociale Differenzierung, Sociologische und psychologische Untersuchungen*, Duncker & Humblot. (居安正訳、1970、『社会分化論 社会学』現代社会学体系 I、青木書店)
Über sociale Differenzierung: Sociologische und psychologische Untersuchungen, Duncker & Humblot.

T. M. Amabile, 1998, "How to Kill Creativity", *Harvard Business Review*, Oct.

Tead, O. and Metcalf, H.C., 1920, *Personnel Administration: Its Principles and Practice*.

Thomas, Eilliam I., Znaniecki Florina, 1958, *The Polish Peasant In Europe and America*, Vol.2, Dover Publications, Inc.

Tony Blare, 1998, "Foreword", *Fairness at Work*, Department of Trade and Industry.

Urwick, L.F., 1943, *The Elements of Administration*, Sir Isaac Pitman & Sons, LTD.

──., 1956, *The Pattern of Management*, University of Minesota Press.

──, 1957, *Leadership in the twentieth Century*, Sir Isaac Pitman & Sons, LTD.

Weber, A., 1910, "Arbeitsplan", *Schriften des Vereins für Socialpolitik*, Bd.133, SS.Ⅷ -
Ⅺ.（鼓肇雄訳、1975、『工業労働調査論』日本労働協会、69-76 頁）

Weber, Max, 1908, "Methodologische Einleitung für die Erhebungen des Vereins für
Sozialpolitik uber Auslese und Anpassung（Berufswahlen und Berufs-schicksal）
der Arbeiterschaft der geschlossenen Grob-industrie", *Gesammelte Aufsätze zur
Soziologie und Sozialpolitik*, S.1-60.（鼓肇雄 訳、1975、「封鎖的大工業労働者の淘汰と適合
（職業選択と職業運命）に関する社会政策学会の調査のための方法序説（1908）」『工業労働
調査論』日本労働協会、1-68 頁）

――, 1908, "Zur Psychophysik der industriellen Arbeit（1908-09）", *Gesammelte Aufsätze
zur Soziologie und Sozialpolitik*.（鼓肇雄訳）、1975、「工業労働の精神物理学について（1908
-1909 年）」『工業労働調査論』日本労働協会.

――, 1963, *Gesammelte Aufsätze zur Religionssoziologie* I, J.C.B. Mohr（Paul Siebeck）
Tübingen, S.203.（Parsons, T., trans., *The Protestant Ethic and the Spirit of Capitalism*,
Hard Press, p.180.

――, *1963, Gesammelte Aufsätze zur Religionssoziologie* I.（Parsons, T., trans., 1930, The
Protestant Ethic and the Spirit of Capitalism, Butler and Tanner Ltd.

――, 1966, *Soziologische Grundbegriffe*, 2., durchgeschene, AuflageJ.C.B. Mohr（Paul
Siebeck）Tübingen.（清水幾太郎 訳、2005、「第 3 節社会的関係」『社会学の根本概念』岩
波書店

――, 1976, *Wirtschaft und Gesellschaft*, Fünfte Revidierte Auflage, 2. Halbband, J.C.B.
Mohr（Paul Siebeck）Tübingen.（世良晃志郎 訳、1973、『支配の社会学Ⅱ』創文社）

――, 1966, *Soziologische Grundbegriffe*, 2., durchgeschene, Auflage, J.C.B. Mohr（Paul
Siebeck）Tübingen.（清水幾太郎 訳,2005,「第 3 節社会的関係」『社会学の根本概念』岩波書店）

――, *Wirtschaft und Gesellschaft, Grundriss der verstehenden Soziologie*, vierte, neu
herausgegebene Auflage, besorgt von Johannes Winckelmann, 1956, KapitelⅨ, Soziolgie
del Herrschaft, 1-4.Abschnitt.（＝ 1974、世良晃志郎訳、『支配の社会学Ⅰ』創文社）

――, 1956, *Wirtschaft und Gesellschaft, Grundriss der verstehenden Soziologie*, fuufte,
revidierte Auflage, besorgt von Johannes Winckelmann, Studienausgabw, 1972,
zweiter Teil, Kapitel I （S.181-198）und Kapitel Ⅶ（S.367-513）.（＝ 1984、世良晃志郎
訳『法社会学』創文社）

――, 1956, *Wirtschaft und Gesellschaft, Grundriss der verstehenden Soziologie*, vierte,
neu herausgegebene Auflage, besorgt von Johannes Winckelmann, erster Teil, Kapitel
Ⅲ, Ⅳ（S.122-180）.（＝ 1970、世良晃志郎訳『支配の諸類型』創文社）

――, 1956, *Wirtschaft und Gesellschaft, Grundriss der verstehenden Soziologie*, vierte, neu
herausgegebene Auflage, besorgt von Johannes Winckelmann, Kapitel Ⅸ, Soziolgie del

Herrschaft, 1-4.Abschnitt（S.541-632）.（= 1974、世良晃志郎訳『支配の社会学Ⅰ』創文社）

――, 1956, Soziologie, vierte, neu herausgegebene Auflage, besorgt von Johannes Winckelmann, Kapitel Ⅸ, Soziolgie del Herrschaft, 5-7. Abschnitt（S.633-734）.（= 1974、世良晃志郎訳『支配の社会学Ⅱ』創文社）

――, *Wirtschaft und Gesellschaft, Grundriss der verstehenden Soziologie*, vierte, neu herausgegebene Auflage, besorgt von Johannes Winckelmann, 1956, Kapitel Ⅸ, Soziolgie del Herrschaft, 1-4.Abschnitt.（= 1974、世良晃志郎訳『支配の社会学Ⅰ』創文社）

――, 1966, *Soziologische Grundbegriffe*, 2., durchgeschene, Auflage, J.C.B. Mohr（Paul Siebeck）Tübingen.

Woodward, Joan, 1994, *Industrial Organization*, Oxford University Press.

ACAS, 2012, *Managing Individual Conflict in the Private Sector ACASe Study.*

――, 2013, *2012 Olympic and Paralympic Games: The ACAS experience.*

――, 2015, *Evaluation of ACAS Early Conciliation 2015*

――, 2016, Managing individual conflict in the contemporary British workplace.

――, 2003, *Code of Practice 1: Disciplinary and Grievance Procedures.*

――, 2009, *Code of Practice 1: Disciplinary and Grievance Procedures.*

――, 2015, *Code of Practice on disciplinary and grievance procedures.*

――, 2010, *Research Paper: Service user perceptions of ACAS' conciliation in Employment Tribunal cases 2007.*

――, 2010, *Research Paper: Report of the Employment Tribunal/ACAS pilot on attendance of ACAS individual conciliators at Case Management Discussion.*

――, 2010, *Research Paper: Report of the Employment Tribunal/ACAS pilot on attendance of ACAS individual conciliators at Case Management Discussion.*

――, 2010, *Annual Report and Accounts 2009/2010.*

――, 2020, *Annual Report and Accounts 2019/2020.*

――, 2010, *Discipline and   Grievances at Work : The ACAS Guide.*

――, 2011, *Evaluation of the ACAS Code of Practice on Disciplinary and Grievance Procedures*

――, *2014, Joint consultative committees under the Information and Consultation of Employees Regulations: A WERS analysis.*

Office for National Statistics, 2010, "Labour market statistics", *Statistical Bulletin: Labour market*, UK.

――, 2010, *Standard Occupational Classification 2010 Volume 1: Structure and descriptions of unit groups*, UK.

UK National *Statistics, 2009, Labour Market Statistics Concepts and Definitions*.

DTI, 2002, *Fixed-term work: a guide to the regulations*.

――, 2004, *Guidance on the Employment Act 2002（Dispute Resolution）Regulations 2004 and associated provisions in the Employment Act 2002*.

――, 2005, *Inside the Workplace: First Findings from the 2004 Workplace Employment Relations Survey*（WERS 2004）.

――, 2006, "How have employees fared? Recent UK trends", Employment Relations Research Series NO.56.

OECD, 1977, *The Development of Industrial Relations Systems: Some Implications of Japanes Experience*, OECD Publications.

――, 2004, "Employment Protection Regulation and Labour Market Performance", *OECD Employment Outlook*.

――, 2004, "Wage-setting Institutions and Outcomes", *OECD Employment Outlook*.

――, 2007, "Minimum Wages, Minimum Labour Costs and The Tax Treatment of Low-wage Employment", OECD Social, *Employment and Migration Working Papers* No.46.

――, 2009, OECD Social, *Employment and Migration Working Papers* No. 92.

――, 2010, OECD *Employment Outlook: Moving Beyond the Jobs Crisis*.

U S Government Accountability Office, 2015, *Fair Labor Standards ACT: White-Collar Exemptions*.

United Nation, 20 June 1985, "Consideration of the preamble and articles of The international convention on the protection of the rights of all migrant workers and their families" *UN Documents*, A/C.3/40/1.

――, 11 October 1984, "Draft report of the open-ended working group on the elaboration of an international convention on the protection of the rights of all migrant workers and their families" *UN Documents*, A/C.3/39/4.

――, 16 June1983, "Consideration of articles of the international convention on the protection of the rights of all migrant workers and their families" *UN Documents*, A/C.3/38/1.

Wage and Hour Division, 2016, *Defining and Delimiting the Exemptions for Executive, Administrative, Professional, Outside, Sales and Computer Employees*, Department of Labor.

索　引

■ 著者紹介

野瀬　正治　（のせ　まさはる）

関西学院大学社会学部・社会学研究科教授

略歴
大阪大学大学院国際公共政策研究科博士課程修了。
博士（国際公共政策）。
東レ（滋賀労務）、㈱日本総合研究所（主任研究員）を経て、
2001 年に関西学院大学社会学部助教授に就任.

主要著書・論文
『第 2 版　新時代の個別的労使関係論』晃洋書房、2006。
『個別的労使関係と新時代の人事労務管理 —— 個の欲求と組織充
　足の調整・繋ぎ』晃洋書房、2015（編共著）。
『人権侵害に関わる職場の人間関係調整論』関西学院大学出版会、
　2020。
「コロナ禍と職場のニューノーマル —— テレワークなど ICT 化の
　挽回にむけて」『経営センサー』No.227、東レ経営研究所、2020。
"Study on Administrative ol Involved in Resolving Labour Conflicts ——
　—— In Comparison Japan with Australia and the UK", *International
　Public Policy Studies*, Vol.23, No.1., Osaka University, 2018.
"The Obligation of the Japanese Government after the withdrawal
　of the reservation to art.13（2）（C）of International Covenant on
　Economic, Social and Cultural Rights", *International Public Policy
　Studies*, Vol.19 No.1（No.35）, Osaka University, 2014.

経営社会学　その視座と現代

2020 年 12 月 10 日　初版第 1 刷発行

■ 著　　　者 —— 野瀬正治
■ 発 行 者 —— 佐藤　守
■ 発 行 所 —— 株式会社 **大学教育出版**
　　　　　　　　〒 700-0953　岡山市南区西市 855-4
　　　　　　　　電話（086）244-1268　FAX（086）246-0294
■ 印刷製本 —— モリモト印刷㈱

ISBN978 - 4 - 86692 - 105 - 1